當代名家叢書‧趙啟光選集

二十一世紀是中國世紀嗎？

趙啟光　著

目次

序言

　　卡爾頓學院是坐落於明尼蘇達州諾斯菲爾德小鎮上的一所文理學院，我於 1987 年起在該校任教，並創辦了中文系。這裡的冬季聞名遐邇，四周環繞著上萬個美不勝收的冰凍湖，我正是由此間生髮了要帶外國學生來中國學習的念頭。在過去的歲月中，中國發生了翻天覆地的變化，這個曾經的農業大國正發展為工業的引擎。與此同時，我兒時記憶中的那個中國一去不復返了，這使我更迫不及待地，想在還能依稀辨認出昔日祖國的容貌，並對其稍作闡釋之時，帶領我的外國學生們踏上中國的土地。由於我是當時卡爾頓學院唯一的中文教授，學校周邊也沒有中國人，因此在第一學期末，我與學生們開玩笑說，我並不是在教中文，而是在教一種我自創的語言。我告訴他們，只有踏上了中國的土地，才能證明他們學習了中文。有幾個學生說他們更樂意學我自創的語言，我告訴他們那他們就要大失所望了。

　　這個玩笑一開就是五年。1992 年，我終於帶領我的學生們實現了首次中國之行。此後，我頻繁地帶領美國學生來華。每次旅途伊始，我都夢想著用學生的文字和圖片總結我們的經歷。然而日復一日的教學工作總是使這個夢想無法成真。終於在 2010 年，我再次鼓起勇氣開始這項工作，有幸遇到了一群熱情高漲，並有意願投身於我夢想的學生們。特別是我的得力研究助手施凱甯（Kathryn Schmidt），她協助我收集並編輯了學生的照片和文稿，可以說，本書是我們共同的勞動成果。由於一些學生的中文記錄多於英文記錄（本書的原稿為英文，譯者注），因此這部分學生的文字在本書中收入的較少。儘管

本書的內容主要是一次旅行的記錄，以及我對這些現象的觀察和評論，但它代表了我們的項目 20 年來總結的經驗和探索。希臘哲學家赫拉克利特曾說過：「人不能兩次踏入同一條河流，因為萬物皆流，無物常在。」中國在改變，來華的學生團體也在變，但是於我而言，這是兩股交匯於同一處的綿延水流。這些似曾相似的地點，這些嶄新的面孔，這兩股交匯的河流碰撞出四濺的水花，讓我產生了一種不真實的感覺。本書就好比是從明尼蘇達州零下 40 度的水桶中濺出的一朵結冰的水花。願本書能保留世界發展史中的小插曲。

每當我回想起那一張張面容，和雙腳踏過的每一個地方，我就會想起我們共同經歷過的有趣且發人深省的事情，以及我們攜手應對過的挑戰。我出生在中國，但在過去 30 年中主要在美國生活。每當我回到祖國，就有重溫歲月的感覺。所以當我在自己的祖國看到我的學生時，我真實地感受到了那個世界的存在，而我也為學生們的遠見卓識著迷。無論你是西方人，還是中國人，這些評論和觀點都會讓你感到興趣十足，因為他們向我們呈現了一個世界和另一個世界。人們總是對馬可・波羅懷有崇敬之情，將他視作世界上最偉大的旅行家；但他的後來者也是可圈可點的，他們視角的新鮮感毫不遜色於前人，他們所面臨的挑戰也不乏嚴峻，他們的論斷同樣具有重要的歷史價值。因此這裡我要向大家展示的是這 24 位「現代馬可・波羅」的所觀所感。

2010 年，我第 10 次帶領著我的美國學生奔赴中國學習漢語，引導學生透過語言這扇窗看中國人的靈魂。2010 年秋天，我們從北京出發，隨後到達我的故鄉天津，接著學生們分成若干小組分別進行了為期一周的探索，最終在上海會合。我們在這個西方氣息濃郁的城市度過了大部分時間，此行的特別之處是我們與同濟大學新建立的合作關係，以及當年在上海舉辦的世界博覽會。課程結束後，我們一行人

花了一周的時間遊覽了一些中國（絕非全部）最美麗的景點。

項目期間，學生在原有基礎上大量學習中文，同時，中國文化、太極、武術、烹飪、繪畫、書法的課程及文化探索作業，也進一步補充了學生們的語言知識。本書在學期末編輯而成，是一部作品合集，內容圍繞著學生們所關心的話題以及相機所捕捉到的畫面而展開。

在我看來，促進跨文化交流的一大途徑是相互介紹各自的民族。21 世紀人類的生存取決於跨文化交流的成功，許多誤解都源自於思想的投影。人們常常會想像其他文化是什麼樣的，其他人在想些什麼，而我的工作就是帶領我的學生來中國。首先，這將有助於外國學生瞭解中國，並糾正他們對中國的先入之見。以往，他們中有許多人總期待能看到很多茶館和寶塔，然而這些學生如今卻深感失望，在他們眼中，中國的現代化進程異常迅猛。但中國人很容易就忽視了這些看法，因為同美國人一樣，中國人也有自己的想法，正如中國詩人蘇軾寫的「不識廬山真面目，只緣身在此山中」。外國學生從書本和電影中已經對中國有所瞭解——這些媒介確實反映了中國頗為重要的方方面面。然而他們的親眼所見卻沒能完全與他們的希望或期待相符。他們感到失望，倒不是因為他們不喜歡中國，恰恰相反，是因為他們愛之太切。中國人應該捫心自問：去古更新，這樣做，真的值得嗎？說來也有意思，這些美國年輕人的聲音，好像是中國古代文明的回聲，它漂洋過海，穿越時空，又回到中國。這些當代美國人，就像一塊「傳聲板」，講述著中國正在遺失的古老文明。

另一些學生則將中國想像成一個瞭解西方思想、瞭解資本主義模式的共產主義國家。他們同樣也感到失望，因為中國的現實與紅色共產主義並不相符。他們看到的是一個以混合型市場經濟為基礎的快速發展的大國。他們發現中美兩國在諸多方面都具有相似性，但他們也為雙邊緊張的政治環境深感擔憂。他們對中國人懷有美好祝福，他們

希望中國人既快樂又健康。由於他們來中國只有短短 10 周，他們看不見中國 10 個月或 10 年前是什麼樣子的。如果他們看見過那時的中國，那麼他們就會知道中國在發展成一個更為開放的社會的道路上已經前進了很多。

我眼前時常浮現出中國過去的畫面。當我帶著外國學生去餐廳吃飯，我們圍繞餐桌坐定後，我便想起我小時候飯店前總是排著長龍隊，或是拿著糧票去換麵粉的情景。如果中國在如此短的時間內就已經前進了這麼多，那麼他還能走得更遠，最重要的莫過於不要走錯了方向，且能克服前進途中的艱難險阻。而保持正確的方法即聽取人民的意見。

我們的項目將普通話教學與歷史及現代文化相融合，進一步夯實了這些聰明且接受能力強的學生的基礎。但我們需要的絕不僅僅是 24 名學生，而是 240 萬名學生的參與。縱觀歷史，每當一個超級大國崛起之時，一場戰爭就在所難免。從古羅馬到前蘇聯，從德國到日本，以往的超級大國都以懷疑的眼光瞅著新興國家。在美國發展成為超級大國以後，他也總是在東西方兩側懷疑地觀望著可能冉冉升起的新興國家。

從歷史上看，美國先是將英國、西班牙和法國驅逐出了美洲，隨後德國曾兩次上升為世界大國。接著，日本在太平洋地區嶄露頭角，他們先是在 1941 年偷襲珍珠港，後又於上世紀 80 年代買下了帝國大廈。而前蘇聯的紅色旗幟曾屹立于白令海峽的另一側，赫魯雪夫曾立誓要埋葬美利堅。

現在，輪到中國嶄露頭角了。這一次，中國不再像 19 世紀時那樣，因為受到軍事威脅或輸出貧窮的勞工而吸引世界的注意力。在過去，美國讓中國勞工建造鐵路，卻禁止他們的妻子參與其中並趕走她們，還通過了排外移民法。1882 年，種族主義達到頂峰，美國頒佈

《1882 年排華法案》，禁止中國勞工的輸入，以緩和國內勞工市場的競爭。直到第二次世界大戰中美聯合抗日時，美國才廢除了這一法案[1]。這一次，中國先是帶來了價格低廉的產品，美國沃爾瑪超市、凱馬特及塔吉特百貨滿是中國產的鞋，半導體收音機和 T 恤（儘管一架波音 747 飛機相當於 8 億件 T 恤）。後來，他們開始出口更高級的產品，包括電腦元件、兒童玩具及行動電話。現如今，中國人還持有超過一萬億的美國長期國債。

相比之下，美國人沉溺於消費。他們不斷花費不屬於他們的錢，來購買那些他們不生產的產品。而中國人則忙於節儉，所以他們能存下債務人印出來的鈔票。這就好比是一支足球隊對陣另一支同時也是裁判的隊伍一般。我不知道雙方誰更頑強，但中美之間顯然是一個奇怪的組合，雙方彼此依賴。當德、英、日、美參戰時，他們至少是為各自的利益而戰。而當中美維繫著這樣一對奇怪的關係時，我們很難想像中美雙方開戰會怎樣，很難想像美國會轟炸一個為其源源不斷供應商品的國家，也很難想像中國人會轟炸他們自己的債務人，摧毀自己的財富。這兩個超級大國的共存可能沒有孰優孰劣之分，很有可能這一次將會出現兩個超級大國相互依存的現象。

但要注意的是，普通百姓不是經濟學家，政客們也並非總能保持頭腦清醒。對一部分美國人而言，中國的崛起和德、日、前蘇聯的崛起時造成的威脅相當。中國的武器不是德國的 U 型潛水艇，大英帝國的航空母艦，也不是前蘇聯的米格 21 戰機，而是人民幣或網路駭客。但這一次，中國的崛起卻未必會像以往崛起的大國一般。

中美兩國相互依存，卻又都不瞭解對方。他們就像兩個互相揪著

---

1 "Chinese Exclusion Act," http://sun.menloschool.org/~mbrody/ushistory/angel/exclusion_act/, 2011.7.22.

頭髮扭打的孩童，最終雙雙滾下懸崖。我們會問，中國是否同以往的其他國家一樣會對美國霸權造成威脅？站在中國人的角度看，類似的焦慮同樣存在。自 1840 年鴉片戰爭起，中國就遭受了西方列強的侵略，中國一而再，再而三地放棄了本國的利益，向西方大國屈服。俄國強佔了 150 萬平方公里的領土；日本殺戮了數千萬中國人；勢均力敵的朝鮮戰爭則造成了大量的傷亡。在許多中國人眼裡，美國試圖包圍中國，並很可能大舉入侵。

與其他國家一樣，陰謀論在中國也同樣盛行。瑪雅人無需告訴我們世界將要滅亡——如果美國拖欠債務將會發生什麼？在中國，有許多人都模糊地將美國與沙皇俄國及軍國主義日本視為一體。在一些中國人的眼裡，「外國人」或者說「老外」都是一樣的。怎樣才能治癒這種相互間的懷疑呢？答案就是：相互理解。相互理解要從年輕人和文化交流抓起。

事實上，中美之間並不存在根深蒂固的怨恨。美國是第一個將八國聯軍侵華戰爭中中國的賠款償還給中國的國家，希歐多爾・羅斯福總統曾指示將那筆經費用於中國教育事業。[2]美國飛虎隊，即美國三軍志願軍在二戰時期援助了中國，並利用新戰術幫助中國打贏了日本人。

另一方面，中國為美國的發展也做出了巨大貢獻，從 19 世紀興建州際鐵路到 20 世紀晚期開始為美國提供產品。問題是，儘管中美兩國人民有著歷史淵源，又有著現在的經濟聯繫，可他們卻不能合理地看待彼此。資料、資本、商品和電影間的流通是遠遠不夠的。我們需要的是人員流通。正因如此，我將美國學生帶到中國，向中國人民

2　Li Xiguang, "Twisted Origins of Tsinghua in US Ambitions," *GlobalTimes*, http://opinion.globaltimes.cn/commentary/2011-04/645902_2.html, 2011.7.24.

展示出普通美國人民的面貌，這樣中國人就會明白並非每個美國人都是比爾‧蓋茨、巴拉克‧奧巴馬、湯姆‧克魯斯或是溫弗瑞。與此同時，這些美國學生也會瞭解中國，並向美國展示中國，並非所有中國人都是孔夫子或成龍，大多數中國人也都比姚明矮。

　　儘管有一些觀點並不精准貼切，但總的來說，中國人對美國的瞭解仍舊多過美國人對中國的瞭解。我將這個現象稱之為文化赤字。實際上，早在 2000 年我就提出了「文化交流逆差」這一中文習語。[3]現在，這一短語常常被學者和官員們提起。中國實現了商品貿易順差，卻出現了文化出口逆差。2009-2010 年間，在美國學習的中國留學生有 10 萬，而在華的美國留學生卻只有 13,000 人。[4]我深信，建造一座橫跨東西方文化的橋樑是我的使命，而消除文化交流逆差對於實現橋樑的雙向交通至關重要。當我看見我們的美國學生在中國的教室裡學習，走在中國的大街小巷，攀登中國的名山時，我就看見了這種逆差正在縮小。

趙啟光

3　《消除中美文化交流逆差》，《光明日報》2000年9月20日。

4　"West of Middle," http://westofmiddle.wordpress.com/2011/03/30/can-the-number-of-american-students-studying-in-china-ever-catch-up-to-chinese-students-in-the-us/, 2011.8. 28.

第一章
21世紀是中國世紀嗎？

互聯網：中國主導21世紀的助推器

如今，中國政府可以像接受外界對於其熟練處理經濟發展的讚揚一般，接受許多直指政府的批評。但這卻並不是我贊同 21 世紀屬於中國的原因。相反地，我更相信的是「國家網路防火牆」的互聯網審查程式導致了 21 世紀屬於中國。

21 世紀無疑將開啟互聯網時代，這是一個關乎電子、關乎全球、關乎人與人相互聯繫的時代，中國歷史上第一次有了互聯網這個平等的工具，只要迅速一點擊，便可連接到世界各地的任何人，而且目前有近五億互聯網使用者，且這一數字仍在上升，誰還能超過中國躍於世界第一呢？中國已做好了在這種氛圍中蓬勃發展的準備。假設中國能夠找到改革與和諧之間可行的平衡點，我相信我們將看到的是一個國家屬於人民，而不是人民屬於國家的真正的發展。而這就是改變，它將使中國主導 21 世紀。

文／狄邁（Max Diddams）

面對21世紀，中國準備好了嗎？

今年夏天（注：2010 年）在中國旅行的時候，我在蘭州偶然發現了這個寶貝：一個畫著嘲諷布希圖案的卡通打火機（布希帶著一個漢

堡王的王冠，但頭上的字卻被巧妙地換成了「殺人王」)。對我來說，這種政治嘲諷並不陌生。但這個打火機在我看來是寶貝的原因，卻是卡通下方的文字，「Man struggles upwards, water flows downwards」(「人往高處走，水往低處流」)。事實上，這個打火機，與每年數以百萬計生產的產品一樣，都是觸動我思考的智慧之源。

當我被問起是否相信 21 世紀是中國世紀時，我會不自覺地想避開這些排名的事——尤其涉及到國家這一無形而抽象的概念。是的，在西方國家領導人、政治經濟學者和按 GDP 資料撰文的專欄作家看來，中國的時代已經到來。全球貨幣體系的權力重心已經東移。中國有著比世界任何地方都多的百萬富翁，而這些年輕、富有又不易滿足的富翁們正以世界第一的速度瘋狂地購買奢侈品。

亞當‧斯密在 17 世紀撰寫《國富論》時，他曾將市場比做「看不見的手」，它能善意引導人們的欲望和野心。從那時起，主權國家關注並支持我們現在所說的自由民主。西方國家過去 200 多年的歷史正是資本市場「自然狀態」運作的寫照。

對中國人來說，他們應該共同考慮的問題理應不同於西方人（基於自身歷史）所考慮的問題。中國哲學中有著豐富的關於「自然」的精神財富，但中國做好欣然接受「自然狀態」下的資本市場的準備了嗎？中國的青年人該被 Gucci 的魅力所吸引，還是該為古琴的永恆之美所著迷呢？中國人如何看待美國的政治制度，這種自由民主名義下碰撞的意識形態，這種使我們茫然而固執以致於無法認清我們體系內真實存在的壓迫性權力關係的政治制度？

我認為這些答案一定程度上將決定人們理解中國的重要性的途徑。而現在，我會繼續回去思考這個打火機背後的問題。

文／貝可傑（James Beck）

「中國世紀」：現在論斷為時尚早

21 世紀將是多極世紀

我傾向於認為，在 21 世紀，沒有任何一個國家將獨佔鰲頭──
21 世紀是一個合作與相互制衡的世紀。全世界正調整姿態，迎接這
個包羅萬象的「全球化」。就讓未來的事實，來證明這一切吧。

文／賀美勤（Emily Hartley）

歷史給出的答案是否定的

我認為，中國在 21 世紀將不會像美國在 20 世紀下半葉一樣，將
本世紀變為中國世紀。

人們常常想不起美國為什麼會變得如此強大。我們美國人傾向於
認為我們的優勢來自我們的政府機構和經濟體制。我們告訴自己，建
立小政府可以鞏固我們的財富。但事實是，我們聚集起財富的最主要
原因是第二次世界大戰。我們是戰爭中唯一一個沒有完全被摧毀的工
業國家。戰爭結束後，唯一能夠承擔起世界供應鏈的工廠都在美國。
因此，我們的中產階級誕生了。中產階級催生了我們的消費市場。

美國在軍事方面的領先地位差不多也是這麼得來的。當時世界上
有不少國家都害怕蘇聯。因此，這些國家採取了在其他的歷史條件下
決不可能的做法，即允許美國在軍事上繼續挑戰蘇聯，讓美國在世界
舞臺上繼續扮演龐然大物的角色。蘇聯解體時，美國事實上已成為當
時世界上唯一真正的軍事強國。

由於允許美國崛起的歷史條件無法簡單複製到另一個國家身上，
中國無法複製美國崛起的道路。這並不是說中國政府無法做到這一

點，而是中國可能根本沒有這個機會去嘗試。現在看來，再打一場真正的全球性戰爭的可能性並不大。

但儘管如此，中國將繼續上升，而美國則將繼續走向相對衰落。但這並不是說中國在短期內會超越美國。相反，我們正進入一個多極化的時代。最有可能發生的情況是，美國繼續成為最強大的國家，但在此間，如果美國不採取與其他國家合作的策略，將無法實現其自身的目標。

文／孫凱（Cameron Sinsheimer）

「他們的」世紀比「中國世紀」更重要

首先，在我提出想法前，我必須說，我不相信我們有可能以任何一種合適的方法預測到中國在新世紀可能會發生的事情，或者預測中國能否在此間對歷史產生深遠影響，以至於人們在未來將 21 世紀稱為「中國世紀」。我們只度過了新世紀中的前 11 年（注：此文寫於 2011 年），現在談這一切都太早了。其次，儘管中國在過去的 60 年裡以驚人的速度實現了工業化，並已當之無愧地成為世界上最強大的經濟體之一，中國仍然在進一步工業化、現代化和本質上西化社會的進程中遇到很多困難。除此之外，在我看來，儘管中國趕超西方發達國家的努力已使他在國際政治和經濟的舞臺中成功地確保了一席之地，但這種「加把勁趕上」的速度卻在很多方面都不利於中國文化，並在很大程度上對窮人和環境有害。中國必須重塑其政府與經濟結構，以保護自然資源和環境。與此同時，中國應重視解決伴隨龐大而迅速的城市化進程所帶來的許多社會問題。在我看來，如果中國無法找到一條繼續促進經濟增長同時又不會對城市和農村產生進一步污染

的道路，這些對水，空氣和農業系統的破壞將最終給中國帶來極端的內部紛爭。

　　我真心希望的是，中國能夠認清，國際名聲、強大與否和富裕程度遠不及其豐富的文化傳統、美麗的自然景觀和健康幸福的國民來得重要。如果他們能夠保護這些有價值的東西，我相信至少中國人自己會將 21 世紀稱為「他們的世紀」。

文／杜康文（Coleman Durkin）

第二章
當古老輝煌遭遇現實

夢幻的上海外灘

站在外灘租界時期所建造的建築裡，凝望對岸的浦東，摩天大廈拔地而起——一邊是古老滄桑，一邊是現代摩登，這樣的感覺非常夢幻。

文／金知玄（Ji Kim）

陶藝：歷史與美的傳承

早在 1700 年前，生活在江西景德鎮——中國瓷都的人們，就開始從事陶瓷製作。他們的工藝品以其悠久的歷史和卓越的美感而著稱。今天，這些藝術家們還沿用著千餘年前祖先們留下的幾乎完全相同的技藝。

文／林溪（Liz Lundstrom）

寶馬車模的反思

我們到達北京的第二天，李傑克，他的爸爸 Bruce 和我三個人逛到了最近才建成的 798 藝術區。也似乎只有在那裡，那些引人注目的

美術畫廊和獨特的展品正在反省社會和環境之間的法則。我最喜歡的一件作品是用胡同磚頭刻成的一輛和實物一樣大小的寶馬車模型。這昭示著傳統與現代的強烈對比。或許藝術家在暗示，現代化的進程就是以犧牲如胡同之類的傳統和古老作為代價的。

在過去的數十年裡，飛速的現代化進程已經給中國造成了諸多破壞，北京大部分胡同都已經拆除或者改為商業用途。陰陽學說中有一個觀點：當一方缺損，另一方會填補它的空缺，它們之間不會相互替代，而是相互平衡，揭示模糊的部分，模糊清楚的部分。很明顯的是，中國在展現全新的未來的同時，正在迅速地模糊過去的蹤影。為了新的寶馬車，值得付出破壞胡同的代價嗎？中國有可能找到其中的平衡嗎？

文／貝可傑（James Beck）

中國人正在丟棄自己的東西

我想用這張照片說明本文的主題——中國正用模糊的眼光看待過往。在我看來，中國人正在以極快的速度參與到現代化進程之中，速度如此之快，以至於他們也承擔著風險——他們已看不見在某個歷史階段曾經創造的和平、美好或進步的事物了。由於中國的現代化模式與西方模式太過相似，中國人正在漸漸遠離那些他們曾經創造的輝煌。也許他們透過鏡頭看這個由幾何圖案構成的窗格時，只能看到古舊的景象或是傾頹的建築。但如果你走近點觀察，你會發現凝結在這種傳統建築中的美是無與倫比的。如果中國人能再次找到他們的創造靈感，並開始以中國自己的風格來建造，或是以他們自己的方式實現

現代化，那麼，中國曾有過的輝煌就可能失而復得，一個全新而又獨一無二的國家便會誕生。

文／凱莉安（Kellianne Bennett）

「古老的中國」正漸漸消失于「現代的中國」之中

　　每次來中國，你都猜不到自己將會發現什麼，我父親也贊同我的這一看法。如今，現代化與傳統在中國的碰撞讓人覺得發暈（我自己有時也會發暈）。當你沿著街區漫步，滿眼的摩天大樓和商場會讓你產生錯覺，懷疑自己是不是來到了紐約或者巴黎。每一天，中國城市的天際線都在慢慢地變化。2007 年，我的堂弟在上海復旦大學附屬中學學習了五個月，當我們在 2008 年夏天回到上海時，他為上海的變化而感到震驚——在我們一路驅車跨越黃浦江前往浦西的路上，無數新建的高樓拔地而起。

　　中國是如此渴望舊貌換新顏，這實在令人著迷。如果說上海的建設還不那麼顯而易見，那麼當你漫步在北京的街頭就必然會聽見手提鑽發出的鑽孔聲，或是看見建築工地上飛揚的灰塵。每到中國的一個城市，我最喜歡做的事就是看一看，數一數有多少現代建築，特別是摩天大樓，將那些政府決定保留的老建築團團包圍。上海許多現存的寺廟周圍滿是辦公大樓、西式的商店和速食店。此情此景也印證了一種觀點，即「古老的中國」正漸漸消失于「現代的中國」之中。

文／馬安鈴（Annie Mark）

反對傳統是錯誤的

　　總的來說，繼承傳統意味著保存前人的優秀品質。相對而言，在一個包容並擁有多樣文化的（社會）結構裡，落後陳舊的習俗會逐漸被淘汰。保留傳統就是自然而然地保留一些積極的傳統。如果人們把傳統局限於陳舊的社會現象，那麼他們就是在破壞傳統。不加選擇地破壞一切事物，最終只會剩下文化的沙漠。這種反傳統的行為會產生多米諾骨牌效應，同時給文化、教育和科學帶來負面影響。總而言之，反對傳統也是反對社會進步。

　　　　　　　　　　　　　　　　　　　　　　文／趙啟光

不要丟掉自己的「身份」

　　（在抵達中國的）10 周之後，我們即將結束這一項目，我很難說我已瞭解了中國人的日常生活。我相信許多人和我的感覺一樣。通過這學期參與這個項目，我遇到很多不同的中國人，他們的生活方式截然不同，財力懸殊，但他們都把自己稱為「中國人」。對我來說，在中國旅行最有趣的是可以看到飛速發展的經濟對城市與個人產生的自相矛盾的影響，同時也觀察到了西方人對這些影響的不同看法。當我登上飛回美國的班機時，我確信自己仍然不瞭解真實的中國以及中國人真正的日常生活是什麼樣的。然而這種感覺是正面的，不像我來中國時的那種感覺。過去的 10 周裡，我遊覽了北京、天津、青島和上海，這讓我意識到中國和美國一樣，是一個了不起的國家。中國有著令人驚歎的風格迥異的地方和截然不同的生活方式，所有這些都受到中國的現代化和經濟崛起的影響。我此行唯一確信的是，在現代化

的進程中，城市也可以不丟失掉它們的身份和特點，而中國則必須要
瞭解到這一點，以保存其了不起的造就了今日中國的文化財富。

文／賴恩世（Dana Lyons）

中國需要保有獨特的魅力

　　來中國學習是理解這個社會的絕好機會。在這裡，人們生來平等
的思想在其語言中顯而易見（儘管人們消除性別的偏見還尚需時日）。
但人與人之間的差距也日漸明顯。在共產黨的領導下，中國的東部沿
海城市高樓林立，似乎每週都有新的摩天大樓拔地而起，公共交通系
統與國際接軌。但當你深入內地的時候，你會看到越來越多的人靠勞
力掙取微薄的工資維持生計。在小城市裡，可能只轉個身就能看到兩
大相互競爭的手機運營商的店鋪，它們相隔僅 50 英尺，店外放著大聲
的音樂，貼著廣告，以招攬生意。在這裡，街道上滿是鋪好的小碎石
子，空氣中飛揚著塵土，一群群的人擺攤賣著同一種堅果來養家糊口。
　　到上海以後，這座舒適的城市反而讓我感覺有些奇怪。上海已經
非常西化了，以至於我們走出留學生公寓後，常常忘記要說漢語。這
似乎也在提醒新一代年輕人，發展其實未必要與西方同步。因為這對
於保存中國的獨有魅力是大有裨益的。在中國，你隨處可見這種傳統
與西化的對比。但讓人欣喜的是，每天，我們都能看到中國人在我們
眼中的傳統飯館──掛著燈籠，漆成暗紅色的中餐館吃飯，老年人在
清晨時分起床而後聚集到公園裡打太極拳，人們依舊傳承了通過書法
和藝術來交流情感的古老傳統。

文／施凱寧（Kathryn Schmidt）

抹不掉的歷史烙印

中國城市最讓人印象深刻的特點莫過於其發展之迅速。直到最近，中國似乎都在追趕那些領先百年的國家，並試圖與之並駕齊驅。中國迫切渴望迎頭趕上，將其建設成現代化超級大國，並擁有與之地位相符的現代化都市。然而，在此過程中，中國有時會忽視諸如排水系統等一些細節問題。中國的確向世人展示了其光鮮亮麗的一面，如浦東的高樓大廈，但是他也需要更多的時間來實現自己的夢想。但無論中國換上了多麼西化的外表，他自身的歷史，從孔子、老子到「文化大革命」，仍在持續影響發展中的中國文化。

文／林溪（Liz　Lundstrom）

如何看待中國社會的雙重性

我小心翼翼，一步一步爬上廬山的一處懸崖，從高處向下眺望，陡峭的山坡漸漸消失在山谷裡。清晨的陽光被高聳的山峰鎖在群山之間。南面的松樹沐浴在陽光之中，與被山巒遮住的陰影形成了鮮明的對比。順著山峰往下到山谷，煙霧折散了光線，製造出一種朦朧薄霧般的美妙景象。身處此景，我們可能追隨的是李白、毛澤東的步伐，也有不緊不慢的老年人和火急火燎的遊客，時間仿佛就此停止了一般。發展中的現代中國就如同地平線初升的煙霧，久久未能散去。但不論是過去還是現在，這些古老的山峰卻一直都沒有改變。這張照片展現的主題是對比過去和現在，新與舊，古老與現代，光與影，東方與西方。這些內容啟發了我關於中國的許多思考。（照片）與中國道家學說的「陰與陽」相符，它們相互聯繫，但又位處兩極，互相抗

衡。帶著「陰與陽」的觀點來看中國現狀，就能明白許多東西。當太陽在天空中慢慢移動，那些原本沉寂的山巒的陰影最終會被陽光所籠罩。陰（黑暗）變成了陽（光明），陽變成了陰，但事實上，它們一點變化都沒有。我們是否可以用這種觀點來看待中國社會的雙重性，以及一些新事物的出現？

文／貝可傑（James Beck）

第三章
儒家與道家：誰能引領中國？

儒家思想正將我們帶往何處？

僅僅追隨儒家思想的教誨，中國能否走上發展與繁榮之路呢？這些目標真是中國人所想要達成的嗎？或者說，我們是不是在盲目地競爭，盲目地追隨西方在全球化新資本主義體系中所創造的理想模式？正如我所提的問題，我們（美國）學生也好奇：古老傳統是如何影響今天這些令人難以置信的發展步伐的。儒家思想正將我們帶往何處？

文／施凱寧（Kathryn Schmidt）

「第一綜合症」

中國正遭受著我稱為「第一綜合症」的折磨，這種思想深深紮根于儒家文化之中。我們希望成為最大的國家，最文明開化的國家，以及發明萬物的第一國。這種想法滲入了我們的家庭生活。如果我們有孩子，我們希望他們是班級或是學校裡最出類拔萃的學生。如果孩子們因為得了第二名而歡欣雀躍，一些家長就會怒氣衝衝地質問他們：「你為什麼沒考第一名？」

1932 年，中國第一次參加洛杉磯奧運會時，沒能收穫一枚獎牌。直到半個世紀後，中國在洛杉磯終於贏得了第一塊金牌。52 年的恥

辱自此洗刷了[1]，而（中國人）對第一名的渴望也成倍膨脹起來。可問題是，第一名本身不應是目標，更重要的是這個賽事本身的意義。奧運會宣導的體育競技的目的是讓人們參與健康、和平與和諧的活動。相比在華麗的體育場內看職業球隊比賽，我倒更樂於看到在街上踢足球的孩子們。

中國自古以來就有這種「第一綜合症」。在鴉片戰爭之前的 3,000 年裡，中國大部分時間都是世界第一大國、第一強國，但是當他在體育和商品領域的世界地位快速下滑的時候，中國因此變得沮喪。這一榮一損造就了中國的心態，即事事爭當第一：摘得最多的奧運會獎牌，獲得最快的 GDP 增長，設計最快速的火車。這就是儒家思想的主張，通過準備要做到最好，從而為你的家庭和祖國爭光，你的成就就是你最好的回報。

你的成就也是你父母、同胞和民族的成就，這就是所謂的「光宗耀祖」和「為國爭光」。在美國學生拍攝的照片裡，從摩天大樓到高鐵，我們目睹了今日中國的諸多成就。

然而在這些功績的背後，一些危險可能會逐漸顯露。拔地而起的新建築可能會導致房地產泡沫，高鐵可能會引發事故。因此中國有必要重新學習老子《道德經》中的一句話：「知足不辱，知止不殆。」——當你知道度在哪裡時，你將不會受到恥辱；當你知道何時要停止，你將不會身處險境。正因如此，我在此行伊始就反復跟學生強調，我們必須依靠兩條腿走路，正如我們必須同時依靠孔子和老子一樣。

文／趙啟光

1　「奧林匹克與中國」，http://www.hsyz.org.cn/ksgz/tiwen/onews.asp？id=97, 2011.7.24.

「道」使人寧靜

　　龍虎山自稱是道教的發源地。在中國，自稱為道家學說發源地的不只這一處，但是眼前的真實性卻不難想像（龍虎山就是道教的發源地這一說法）。這裡的水流緩慢，山形獨特，還有那久經歲月、浪拍風蝕而成的岩層。在龍虎山待上一段時間，就很容易讓人不再煩惱於生活中的紛紛擾擾，只須隨「道」而去，靜靜地坐在那裡，享受自然，享受生活，無為，無不為，在這樣的心境下，把對於教育和上進心的關注早就忘得一乾二淨了。

文／林溪（Liz　Lundstrom）

請心存道家思想

　　這是一處隱蔽的中國度假勝地，在臨海相望的嶗山沿岸，一位漁夫將一艘有些年頭的小船拴在了船塢上，好讓我們登上小船，開始一段捕魚之行。儘管他不怎麼言語，但是整個旅途之中，他都咧著嘴燦爛地笑著。他看起來愛極了這水：就讓一切隨波逐流吧。我們極易陷入中國式的匆忙而擁擠的都市生活，有時，心存道家思想很有必要，我們得花上點時間休息放鬆，享受大自然。儘管此行我們並沒有釣到多少魚，但一整天與這再自然不過的潮漲潮落為伍，真的讓人既清新又舒適。在那裡，根本無需透過煙霧看世界。

文／韓可蕾（Clare Harris）

孔子和老子：兩個朋友孰輕孰重

　　下面這首滑稽詩是從我父親那裡學來的，「文化大革命」期間他經常誦讀這首詩。這是京劇選段中一個強盜的唱詞，他手持刀劍，在路上阻擋了各路英雄的去路，怒吼道：

> 此路是我開，
> 此樹是我栽，
> 要想過此路，
> 留下買路財。
> 牙蹦半個說不字，
> 一刀一個不管埋。

　　英雄嘲笑強盜，說道，「我可以給你銀兩，只是我有兩個朋友不同意。」

　　「哪兩個朋友？」那強盜喝道。

　　英雄舉起了左拳，「這是我第一個朋友」。接著舉起了右拳，「這便是我那第二個朋友了」。

　　「啊呀呀！」強盜沖著英雄又嚷又跳，他們激烈扭打，當然英雄取得了最後的勝利。

　　在生活中，我們可以有兩個朋友：孔子和老子。若只追隨其中之一，那麼我們就不得圓滿。我們可以是現實的，也可以是精神的；可以是醒著的，也可以是夢著的。在目標與非目標、行動與非行動之間找到平衡，我們可以沿著一條折中的道路繼續前行。

文／趙啟光

道家和儒家能平衡嗎？

儒家思想所關注的是社會關係，教育的重要性，打造自身的目標，以及服從和忠誠。老子作為道家學說的創始人，鼓勵我們不要掙扎和糾結於等級地位或物質條件，而是通過與大自然的聯繫，尋找人生中的那份安寧與幸福，讓生命順其自然。道家思想與儒家思想代表了中國哲學的兩個偉大流派——但我們可以在現代生活中找到這兩種傳統的平衡點嗎？

文／施凱寧（Kathryn Schmidt）

中國是否存在一條折中的發展道路？

毫無疑問，中國這條東方巨龍已然蘇醒，但是處於瘋狂發展中的中國會威脅到全球和平或者其本身的子民嗎？或者說中國會在老子冷靜、和平的自然世界中求得平衡，以溫和的方式發展嗎？老子指導我們借助順流的河水和落葉喬木的陰影尋找我們內在的安寧。要建立一個繁榮的社會，遵循孔子的指引是否就足夠，還是說我們確實需要老子說明，尋找到一條折中的道路？

由於中國已加入到全球化的進程中，如何證明古老的文明仍可存於當今社會呢？ 當今社會人們的審美能否追溯到最早的社會呢？在現代化與西方化往往相伴而生的今天，中國能否在不失去其自然美和文化美的前提下，繼續使其人民擺脫貧窮呢？作為一名學生，我的疑問多過我能給出的回答，但或許長者能夠解決這個問題，因為他們已經經歷過那段歷史，瞭解過往政府的做法。但是讓中國保持生機與活

力的關鍵是青年人的精神、知識，以及他們對文化的理解。是否存在一條如老子學說般折中的發展道路供我們選擇呢？

文／施凱寧（Kathryn Schmidt）

儒道交融於無形中

適逢中國旅遊旺季，我們遊覽了中國著名旅遊勝地——盧山，在這裡，道家學說和儒家思想有趣地交融在了一起。依道家精神來看，中國遊客是來欣賞樹木、岩石和溪流的自然美的。然而在每處景點，那些具有商業頭腦的當地人都支起了亭鋪，讓遊人能夠坐在籐椅上，以瀑布或懸崖絕壁為背景拍上幾張照片。儘管遊人們有自己的相機，但是他們仍舊會花錢拍幾張坐在籐椅上的照片。

文／林溪（Liz Lundstrom）

第四章
GDP 是一切嗎？

「白天不懂夜的黑」

在北京和上海這樣的城市，白天和夜晚差別很大。當夕陽西下，彩色的霓虹燈紛紛亮起，妝點著城市裡高聳著的灰色的高樓大廈，整個城市瞬間改變了模樣。在某種程度上來說，這一轉變一定程度上代表了一個奇妙的世界。在自然界裡，夜晚意味著萬物休整，為迎接新一天的生活做準備。而在人類建造和居住的這個世界裡，城市的夜晚明亮如白晝，這違背了自然界的規律。

文／貝可傑（James Beck）

老建築該拆嗎？

在諸如上海和北京這樣的大城市裡，一些中國社會獨有的景致正漸漸從人們的記憶中消失。以往，彎彎曲曲的街道上擠滿的茶館、京劇戲園正被霓虹燈閃爍的購物商場和四四方方的寫字樓所取代。最近，這些愈演愈烈的破壞更是使這些城市陷入沒完沒了的重建之中。一群群工人修挖地鐵線，建造高架橋，大型機器也同時開工，房屋拆毀重建，車流人流在街上川流不息，這似乎是在共奏一曲城市狂熱發展的交響樂——這樣的場景對於北京人和上海人來說太熟悉了。無論是對當地的居民還是外地人而言，拆除老建築，改造新建築的舉措總

是值得警惕的。為了發展成為一個工業化的發達國家，中國似乎不惜犧牲其文化身份來促進高樓建設的蓬勃發展。在批評家的眼中，這已經不僅僅是保護國家歷史建築的問題了。

文／金知玄（Ji Kim）

快速未必是好事

子曰：「譬如為山，未成一簣，止，吾止也；譬如平地，雖覆一簣，進，吾往也。」在長城上行走，通常的建議是：不管是攀爬還是下行，都要一直盯著自己的步伐。是你的堅持不懈，而不是你的速度將你帶到了目的地。瞭解自身的情況和能力是最重要的。否則邁錯一步，你就要花上兩倍的能量才能重新振作起來。此外，停止也會挫敗你最初的目標。在建設成為一個更發達的國家方面，中國已逐漸向世人證明了其創造更美好的生活的堅定信念。對於這個人口總量占世界人口比重 20%（即世界上每五個人中就有一個是中國公民）的國家來說，要觀察到所有正在發生的急速變化並非總是易事。

文／莫藹敏（Amend Moua）

龍虎山：發展不平衡

無論是行走于龍虎山的小村落之中，還是穿行於景德鎮和鷹潭這些發展較好的城市之間，我都不能完全理解我所看到的事物，我將這種感覺稱為困惑感。高大的現代建築沿著鄉村小路蔓延開來，窗外是人們晾曬的衣物，高掛的燈籠和中國國旗，然而屋裡卻只有一張桌子

和幾把椅子。樓前的街道上是四散的垃圾堆和流浪狗。城裡到處可見寫滿英文單詞的衣服，然而平日裡，城裡人卻沒見過一個白人。我們在龍虎山所待的村落沒有政府標誌，也沒有士兵。在下一個旅遊假期到來前，我們住的這家旅館主人該如何維生呢？帶著疑問，我們在旅遊周結束時離開了這裡。看起來這一切總有那麼一點不和諧。

文／賀美勤（Emily　Hartley）

「秀水街」的啟示

這張照片拍攝於北京的「秀水街」，圖中的場景顯示了消費文化正悄悄潛入中國。中國人民通過辛勤勞作，創造了龐大的工業產量，並在此過程中創造了潛力無限的消費經濟。我們注意到一個很有趣的現象：在中國古代，商人並不受到人們的尊敬。儘管現在，商人和店主仍不是中國的主導階層，但相比他們在古代的地位，已是大跨步式的提升。

文／邵翔樂（Alek Sharma）

龐大的人口壓力

你看到人群後面的那面中國國旗了嗎？這是驅使人們前進的動力。生為中國人，他們深深以此為豪。中國的歷史和文化博大精深，而這深厚的文化底蘊也造就了一批又一批忠誠的中國人。不幸的是，中國人口數量的激增已經超過了土地和環境的合理承受能力。這張照片拍攝于泰山的一座山頂上，形象地說明了中國人口之眾多，以至於

當你看到這張照片時，你首先會看到照片中有如此多的人，然後才會注意到在他們身後飄揚的國旗。為了再現過去輝煌的歷史，成為世界上的領導國家，中國必須控制人口增長，使人口數量儘量減少。龐大的人口數量會帶來負面衝擊，無法使中國成為世界上最偉大的國家，會帶來自我毀滅。儘管中國政府採取了計劃生育政策和其他一些控制措施來控制人口增長，但我認為，中國要成為偉大的國家還有很多路要走。

文／凱莉安（Kellianne Bennett）

人口問題：硬幣的兩面

中國最為顯著的一個特點就是其龐大的人口數量。中國有 13 億人口，占全球總人口數的 20%，是世界上人口最多的國家。儘管這些數字非常驚人，但是只有當你親自來到中國時，才能真正體會到中國人口之多。作為一名來自只有 80 萬人口的北達科他州的學生，中國對我而言是一個完全不同的世界。當我從一個城市到另一個城市，汽車站，火車站和飛機場裡，都是人山人海。我從沒見過那麼多人！像北京和上海這樣的超大型城市，人口都在 2,000 萬左右，這反映了中國的巨大的人口數量。然而更令人驚奇的是，中國大部分的人口居住在農村。巨大的人口數量是製造今日中國經濟發展奇跡的一個重要驅動力。

文／甯北農（Travis Nordgaard）

兩種不同的教育模式

　　當美國和中國都在大力發展之時，人們開始關心的另一個問題是：到底哪一種教育體系能更好地推動和維持國家的生產力？美國人的教育使他們變懶了嗎？美國的路人在地圖上找不到他們正在與之開戰的國家，這真是一件可悲的事情。對於美國人來說，是不是拿到學位太容易了？而他們的能力卻根本就沒有達到全球化經濟對人才的要求。人們對於亞裔美國人的普遍印象就是聰明、努力、書呆子，尤其擅長數學和科學，他們的家長更是鞭策這些孩子努力學習。這一情況與我在中國觀察到的中國人的教育模式是一致的。孩子們在學習伊始就要記住數不清的字，這種死記硬背的方法在其他領域也有體現。

　　但中國教育模式中這種強調刻苦和紀律的方式能讓中國人做好迎接全球化經濟的準備嗎？中國是不是該學學當今美國所鼓勵的教育模式——更加注重創造力和創新？美國的學生可以從中國的教育模式中學習到什麼經驗？為了培養有知識且適應能力強的下一代，也許中美兩國在教育模式上應該各取所長，找到實用技能和創新精神之間的平衡點。

文／施凱寧（Kathryn Schmidt）

傳統教育觀念：理想照進現實

　　自隋朝起，中國的科舉制度就是選撥人才的一個基本途徑，這意味著考試的結果是區分學生是否擁有很高天分的主要因素。「文革」之後，中國大舉發展經濟現代化，在教育體系中，尤為強調科學技術的重要性。

從這個方面看，中國的學生很難對世界有全面的瞭解。更重要的是，當每個人對於成功都有著相似的觀點和看法時，所有人都想從事相同的職業，中國的失業率必然會上升。據我觀察，幾乎所有的中國人都抱有學以致用的思想。這就好比河裡爭奪麵包屑的魚兒，當有許多魚互相推搡爭奪時，只有一小部分魚能吃到麵包屑。

文／莫藹敏（Amend Moua）

第五章
中國文化能走向繁榮嗎？

文化：有容乃大

　　沒有精神文明的物質文明是一座建立在流沙之上的高塔，當面對社會或自然災難時，就將轟然坍塌。

　　缺失了文化的發展能為人類的精神世界做些什麼？國家復興的首要條件就是文化的復興。現代化不應以犧牲傳統為代價。新建築不應代替老建築，新派音樂和古典音樂可以共同演奏。海納百川，有容乃大；高山屹立，是因為它基石豐厚。而好的文化就應該像大海一樣寬容，如高山一樣堅固。

文／趙啟光

建築：國家強盛的符號

　　上海世博會是現代文明的縮影，它精准地展現了中國在轉型時期所取得的成就。令人炫目的設計、龐大的規模、精心排演的節目，這些震撼的效果將使觀眾永遠銘記這場盛事。對於建築的重視深深植根于中國文化之中。從發明煙火，到修建紫禁城，中國人自古以來就信奉這種奢華的美學展示傳統。這些建築和景觀象徵了權力，體現了中國的幅員遼闊和地大物博。世博會也不例外。

文／金知玄　（Ji Kim）

對麻將的「困惑」

我從五六歲起就和家人一起打麻將了。我的祖母在中國長大，她有一副古老而精美的象牙麻將。每次我們去看望她時，她總會拿出與我們打上幾圈。我來中國前，就打算找到一副一模一樣的麻將帶回家。然而來到中國後，我確實看到有許多人在公園裡打麻將，但卻失望地發現，所有的麻將牌都是塑膠質地的。在此之前我還設想，儘管美國到處都能找到塑膠質地的麻將，但是在中國，在這個遊戲的發源地，竹制麻將應該有很多吧。可是中國同樣拋棄了傳統的麻將制法，拋棄了麻將遊戲的歷史和魔力，這一點讓我覺得自己像是被背叛了一樣。現在我意識到，雖然麻將牌是塑膠質地的，但是遊戲的規則卻從未改變過：人們聚在一起，共用一種喜悅。麻將的傳統不在於其規則，也不在於其美感，而在於這種使人們聚集在一起的方式。無論是骨制、竹制或是塑膠麻將，從古至今，人類的基本需求依然沒有改變。

文／韓可蕾（Clare Harris）

文化無處不在

在我來中國之前，我曾想像我能看到寶塔、滿池的荷花、傳統建築、傳統服飾、寺廟、茶館。儘管上述這些元素中國都有，可現存的數量遠遠低於我的想像。開始我感到十分失望，並無知地將此歸於文化的缺失。然而，隨著思考的深入，我意識到這種期待有多麼荒唐可笑。我竟然愚蠢地將這些關於中國的模版式的道聽塗說（大部分是電影裡或者小說裡的）都信以為真。這就好比認為我們美國人一周吃數次麥當勞，並在任何時期都喜歡我們的總統一樣可笑。我為什麼要相

信這些刻板印象？為什麼我還沒看到這些形象，就把它們都歸於文化的缺失？我現在意識到：文化就在我們的生活中，無處不在，無時不有──在街上小攤販處買餃子當午餐，學習怎麼通過高考，在公車上感受人山人海，去 KTV 唱卡拉 OK，文化呈現在你看到的每一處，前提是你沒有讓預設的想法蒙蔽住你的雙眼。

文／韓可蕾（Clare Harris）

校園裡的「音樂客人」

試想一下，當同濟校園裡這條寧靜的小路上充滿著沸騰的學生時，這是怎樣的一種擁擠與熱鬧？至少，學校的管理人員應該考慮一下這個問題。

南開大學和同濟大學的校園裡都裝有喇叭。課間，當學生們穿梭于教學樓轉換教室上課時，這些喇叭就會播放「舒緩」的音樂。有意思的是，播放的音樂通常是西方音樂，這是中國在文化上借用別國文化的又一案例。

為什麼要播放這種類型的音樂呢？在美國，校園裡的喇叭只播放火警或颶風來襲時的警報。中國想與其民眾拉近距離，（播放音樂）是其中的一個方法，但我感覺音樂應該以一種更加具有建設性的方式被使用。

文／邵翔樂（Alek Sharma）

中國文化有待崛起

目前，中國在經濟出口上存在順差，但在文化上則存在逆差。而這兩大範疇的矛盾會把人們引入一個危險的境地：人們只看到中國的產品，卻很難理解中國的文化。中國人對於西方世界的瞭解多於西方人對於中國的瞭解，尤其是語言方面。所以說，外部世界對於中國的瞭解還遠遠不夠。這是造成文化逆差的一個主要原因。

一旦美國失去國際霸主的地位，中國將會在經濟方面成為領導者。通常，一個大國的崛起會表現在經濟、軍事和政治上，但 21 世紀中國的崛起應是文化上的崛起。高舉文化的旗幟總比打著政治或軍事的旗號意義更為深遠。

文／趙啟光

中國文化將會走向繁榮

以前我主要關注中國文化和現代社會的弊端，但凡事都有兩個方面，我必須在此補充一下我的觀點。的確，中國現代文化是空洞，缺乏創造力的，但這一情況同樣也存在于現代美國和歐洲文化之中。

中國流行文化平談無奇，但另一方面，現代中國文化中必然有深刻的一面——只不過這很難發現。試試逛一下北京的美術畫廊，或坐進電影院看電影，你就會發現，真正美好的東西是中國人做給中國人的。我相信，隨著時間的流逝，中國政府會鼓勵文化的繁榮並從中獲益。

文／杜康文（Coleman Durkin）

第六章
細數交通：中國人應該像美國人一樣生活嗎？

人「讓」車

懂得躲避汽車和瘋狂的自行車並不是與生俱來的能力，而是一種後天習得的技能。無論這是我們初次還是第四次來到這個國家，我們中的許多人仍然在中國碰到了措手不及的問題。然而所幸的是，我們中的大多數人都能在旅行中逐漸適應大部分的文化差異。對於汽車尾氣的熟悉，就是其中之一。

文／甘安德（Andy Green）

自行車：最受喜愛的交通工具

自行車是在中國最受喜愛的交通工具，它無所不在，所有自行車的尾部都設有一個長而單薄的後座，用來載搭車人。搭車人往往都是側坐在後座之上的。自行車就像滑板一樣在行人之間進進出出來回穿梭，我不明白搭車人都是怎樣坐在後部的。有一次，我們的一位同學有機會嘗試了一番，她聲稱騎車並不像它看起來那麼簡單。它本來看起來就一點也不簡單。

文／賀美勤（Emily Hartley）

二手自行車：大學校園一景

在大學，自行車更是人手一部。儘管我們習慣了學生們騎車穿梭於校園之中，但不同的是，在如此多的自行車中竟然沒有一輛是新車，而且許多車都沒有上鎖。我遇見的一位中國學生告訴我說，沒有人會去偷一輛破舊不堪的自行車，所以大多數學生都買二手車，就這麼開著鎖停放著。如果碰巧你的車在停放處消失不見了，最廣為流傳的解決方法就是去鄰校轉一圈。

文／施凱寧（Kathryn Schmidt）

公交：最普遍的出行方式

巴士是最經濟、有時也是最令人困惑的市內旅行方法。要到達城市之間的一個地方，尋找山間勝地探索一番，巴士仍舊是我們最普遍的交通方式。在盧山，它載著我們繞過山脈，來到了風景最美的湖區和景區，起初我覺得這多少有點走馬觀花了，但當我意識到我們還有很多路的時候，巴士就成了一個極好的休息場所。我很難描述盧山，是因為盧山上滿是寺廟、景致、樹木和道路，我不確定什麼才是盧山最典型的特色。我最喜歡的一處是一個名為「黑龍潭」的小瀑布，我們中的一些人爬了上去，後來我們脫離了大部隊，便坐下來獨自欣賞這包圍著我們的幽靜美景。終於遠離了城市喧囂和向「外國人」行「注目禮」的人群，這是多麼愜意的小憩呀。

文／賀美勤（Emily Hartley）

計程車：一次危險的旅行

　　另一方面，計程車則是最危險的交通方式，尤其是下山的時候，這是我最近得出的結論。計程車旅行無疑是我們盧山行首站的一次典型經歷。盧山有著極為便捷的巴士旅遊路線，但乘坐計程車要花上兩個小時才能到達目的地。儘管此行我們上山和下山都只花了一小時多一點的時間，但大部分時間我們都屏住呼吸，並半開玩笑地在相機裡留下告別視頻，因為司機以超過限速 20 公里的速度行駛著，邊超車邊繞著一個個隱蔽的轉角顛來倒去，而車內廣播則播放著震耳欲聾的中國電子樂。所幸的是，盧山的美是值得這樣拼死一看的。而我同樣不能確定的是，穿行於城市之中的計程車會不會安全得多。

文／賀美勤（Emily Hartley）

火車：最佳旅遊方式

　　臥鋪出人意料的舒適讓我深信火車是唯一可行的旅遊方式，尤其是鄰窗的座位更能增添一抹浪漫的感覺，而這正是一直以來我夢寐以求的火車出行的感覺。從天津到盧山長達 17 個小時的車程是我所經歷過的最舒適的旅行，而週末從龍虎山到上海的八小時旅程則最不舒服。除臥鋪之外，中國火車還提供硬座和軟座，唯一的區別是，購買軟座票的乘客（比如我們）能確保有座位。而那些買硬座票的乘客則會在所有座位都坐滿的時候，站在或坐在車廂走道裡，將你圍繞。晚上車廂內燈光通宵達旦，人們不停地說話，我們連腿都動不了。所以，這則故事給我們的啟示就是：只有買到臥鋪票，長途火車

旅行才是舒適愜意的。然而在旅行周期間，這真是說起來容易，做起來難啊。

文／賀美勤（Emily Hartley）

木筏：感受自然的最好方式

這是我們在龍虎山坐木筏順流而下時拍攝的照片。因為此山據稱形似一條長著虎頭的龍，顧名思義為「龍虎山」。我想你能看出幾分吧。龍虎山一代的區域都是砂岩構造的獨特地形。中國的一個網站將其描述為：看起來「有的像是仙桃，有的像是仙女。」我們能把其中大部分歸入仙桃一類，而至於「仙女」，只有仙女岩才符合這種說法。

乘坐木筏，欣賞所有這些拔地而起的「仙桃」，能獲得寧靜的美感。據說這裡是道教的發源地，道教關乎與自然合為一體，用現代的話來說就是：順其自然。

文／賀美勤（Emily Hartley）

步行：最喜歡的旅行方式

在條件允許的情況下，步行是我們最喜歡的旅行方式。不過我有時也會懷疑這一觀點。就像我們在盧山時，當我們在巴士第一站下車後幾乎步行了一整天，我當時就在不停地想「這又是一個長城」。當然，我們沿途也領略了許多的山間美景，並有幸透過薄霧，呼吸到了山間清新的空氣。

文／賀美勤（Emily Hartley）

汽車：噪音最大的交通工具

　　而另一個選擇就是那鳴笛的機器，也就是美國人所謂的小汽車。在天津和景德鎮，汽車的喇叭聲從未消停過。即便車子前方 25 英尺以內並沒有人，它們也會嘟嘟地響起來，似乎它們只是想聽見噪音。有一次，我的室友提議我們錄一張像「鯨魚的聲音」一樣的關於中國聲音的 CD，包括那些鳴笛聲。然而自從來到上海，我們只能聽見非常必要時的一聲鳴笛，人們都在他們自己的車道上行駛，他們服從交通信號燈的指示，車速也適中。想想這其中的緣由吧。

文／賀美勤（Emily Hartley）

大塞車：基礎設施亟待完善

　　這就是趙教授所說的「大塞車」。從長城頂端較好的視角往外看去便是這樣的場景。這正是中蒙邊境綿延 62 英里，耗時 9 天才能穿過的交通堵塞。而照片所顯示的僅僅是從我們腳下這塊象徵著豐功偉績的長城看過去的一小段路。車輛每天都會堵塞城市交通，當車輛穿越於崇山峻嶺間，就會有這樣的「長流」。儘管世界的聯繫日益緊密，但從這個例子來看，交通基礎設施的建設仍沒趕上機動車輛的激增，以及我們對機動車日益劇增的依賴，而這一問題也存在於其他領域的基礎設施中。

文／施凱寧（Kathryn Schmidt）

私人交通 VS 公共交通

偉大「美國夢」的象徵之一就是小汽車。在美國，汽車是服務於個人基本需求的標誌。但是在一個人們依舊會以購買破舊自行車來防止被偷的國家，情況又如何呢？環繞建築物的大批自行車，尤其是在大學校園中的自行車，永遠都會有汽車相伴。都市中，公共交通和自行車被廣泛使用，而汽車則使交通更為便捷。但汽車僅僅是社會地位的象徵嗎？這背後的問題是：中國人想要像美國人一樣生活嗎？除成本之外，我們還得考慮這些車輛是如何危害我們的身體健康，導致了日益嚴重的肥胖流行，以及它們是如何對我們的環境產生負面影響，並將這種影響擴散到周邊的其他國家。我們是否真的想為這種現代化創造基礎設施？中國應該繼續擴大已為八車道的馬路，而排擠自行車道嗎？停車場將建在何處？當街道上停滿了車輛，車輛不得不停在人行道上時，行人又該何去何從？這種努力工作給自己買輛車的個人主義精神，正在負面影響著政府建設便捷暢通的公共交通（如地鐵）的職能。而這一兩難的現象反映的是在發展和現代化進程中，該把什麼放在首位的問題。

文／施凱寧（Kathryn Schmidt）

第七章
自然與環境保護

人與自然和諧統一

生命是一次有去無回的旅行，就像一場夢境。如果真是這樣，那為什麼我們還不停下來，聞一聞鮮花的芳香，欣賞一下自然的美景？如果真是這樣，為什麼我們不做個好夢呢？在這個只此一次的人生之旅中，我們更要珍視自然之美。就像要做個好夢，必須將自己盡情地融於山川河流之間。

文／趙啟光

龍虎山的奇特地質

在龍虎山的這段時間，我和同伴們親眼目睹了龍虎山居民將逝者的棺材置於砂岩峭壁的洞穴中這一古老場景。如果說古老的道家學說可以追溯到中國的周朝，那麼龍虎山的地質則是在當這整個區域還是淺層洋底的時候就已形成了。這些組成了山的砂岩必定是在全球海洋氧化後的某段時間裡沉澱而成，含鐵量高、呈現微紅色澤的砂岩就是最好的證據（鐵在缺乏自由氧情況下可溶）。沉積過後，砂岩自下向上升起（照片背景中的原始水準層已變形），伴隨風力和水力侵蝕，龍虎山形成了今天的地形。相比人類歷史文明，這一獨特的地質更讓

我不得不感歎地球悠久的歷史。

文／林溪（Liz Lundstrom）

「真假」長城

長城之上，滿是壯麗的山川遠景。站在長城之頂，透過朦朧的霧靄，放眼望去，是此起彼伏的山峰，漫山遍野的蒼翠樹木和嶙峋的怪石，此情此景，很容易讓你感到融入中國的文化、歷史和自然之中。然而，我們的所見所聞所感都是真實的嗎？我們所站的長城，真的是西元前 221 年秦始皇為抵禦胡人所建的長達 4000 多英里的石頭牆嗎？還是一個經過翻修的旅遊景點，以滿足那些想在長城上拍幾張照片向朋友們炫耀的人們？或是滿足那些在自己「必須遊覽的地方」清單上將長城劃去的人們？我們眺望的那些謎一般的霧靄真的是霧嗎？抑或它只是人類污染環境的又一處證據？有時，我們很難將真實和虛假區分開來，關鍵問題是我們不要試圖去決定哪些是真的，哪些是假的，不要讓霧模糊了我們的視線。我們應嘗試著透過薄霧，觀望其後的美麗山河。

文／韓可蕾（Clare Harris）

榜樣：廬山小鎮

我在廬山待了一周，這讓我在完全不同的環境下瞭解了人類棲息地和環境之間的平衡的關係。廬山鎮坐落於一座湖旁，被兩座山脈所環抱，是一個典型的中國式小鎮。

　　小鎮同時被新事物和舊事物所影響——美麗的自然風光吸引了遊客，帶來了財政收入，也促使當地人要保持這樣的歷史韻味。清晨的時候，街道上擠滿了在市場上買東西的當地人，他們買蔬菜、魚，和草藥。許多中國傳統的生活方式在此得以被保存下來，儘管當地發展基礎設施以吸引遊客，但小鎮還沒有被過度開發。正如我所期望的那樣，小鎮是極少數在保護自然和適度開發中做到平衡的榜樣之一。

文／貝可傑（James Beck）

責任：保護環境

　　這（圖片）是兩則社會號召人們保護自然的例子。在政治領域，美國和世界上其他國家都在指責中國急速發展所造成的環境破壞，這給本已緊張的兩國關係增加了新的壓力。另一方面，美國經過一個多世紀的工業化發展，已經開始採取環保措施來清潔污染。但與此同時，美國仍舊是造成許多環境問題的罪魁禍首。經濟的發展是否必須要以犧牲自然環境為代價？為了我們共同的家園，中美兩國應該致力於環境的可持續發展，必須現在就行動起來，而不是在發展之後才開始採取措施。我們相互依存，國內政治中任何關於未來的發展計畫都會影響我們兩國。這只是第一步，並且這不僅僅是一種政治責任，也是一份社會責任。

文／施凱寧（Kathryn Schmidt）

第八章
中國城市印象

北京與上海：歷史與現代的較量

　　2007 年，當我第一次回到中國，回到亞洲時，我所到的兩個城市就是上海和北京。我在上海待了約 4 天，在北京生活了半個多月。但當本次旅行結束時，我已成了一個不折不扣的「上海人」。我認為北京是最好的城市，我曾想回北京找工作。但是今年夏天兩個月的中文強化學習徹底改變了我的感覺。也許潛意識裡我就偏愛現代化的城市，這一點從我熱愛香港就可以看出，又也許是因為這樣一個事實：我在北京花了大量時間瘋狂學習中文，卻不再認為北京是我真正想要謀生的城市了。2007 年我身處北京時的那份激動蕩然無存。我知道，如果我追隨的是歷史和文化，那麼北京是最理想的城市，但在上海的這一個月已迅速把我變成了一個「上海人」。

　　上海的一大缺點就是其大量的中國歷史正在消失。與此同時，那些古老的歐洲的影響卻依舊存在──看看那些建築保存得多好──我有時感覺上海太過西化了。當北京在尋找現代化的最佳方案時，他也保留了其豐富的歷史，這一點是上海遠遠趕不上的。我是一名歷史專業的學生，我認為北京向世界提供了一扇瞭解中國故事的巨型視窗。但如果某人有計劃未來到中國工作，上海和香港似乎更為可行。

文／馬安玲（Annie Mark）

上海：令西方人舒適的西化色彩

江西之行結束後，我們坐上了一輛旅途長達八小時的巴士，輾轉將我們從「解碼」中式功能表，靠戴頭巾來掩飾我們發色的江西，帶到了享用墨西哥美食，每天與其他外國人擦肩而過的上海。可以說，到上海後我們耳目一新，他所有的西化色彩都讓我們感到舒適自在。相比我們待過的有中國古代歷史氣息的地方，上海看似並沒有留下什麼中國歷史的痕跡，但近代史的遺跡卻比比皆是——從法租界、鴉片戰爭到新天地及中國共產黨的成立舊址，再到最近的一些發展。如果我們的專案始於上海，我很可能會對其中國文化的明顯缺失而感到失望，然而在上海生活學習的一個月卻讓我幾乎感到害怕，卻又不得不承認，這是我所到過的最適宜居住的城市。我不知該讚揚上海還是批評上海，並回想著在天津時，我們對類似問題的討論。任何一個西方人都很有可能認同于上海的舒適，但不足之處就是你真的不能將上海稱為「中國」。你能嗎？這又回到了那個對中國冠以名稱的老問題上，即如何將「真正的中國」與這個國家的其他部分區分開來。

文／賀美勤（Emily Hartley）

天津：越來越西化

對我而言，天津是說明中國經濟對一個城市的發展有無影響的最佳案例之一。參加此行時，我曾期待天津是一座現代化但仍能保有真正中國魅力的城市。我曾想像天津沒有林立的高樓，因為在此項目前，我從未聽說過「天津」。然而當汽車從北京駛出後，我便很快意識到，我所有的最初的期待完全沒有依據。儘管有些地方或多或少與

我想像中「真正的」中國大致相似，比如學生的最愛——西南村，那裡薈萃了天津絕大部分非常實惠的麵條和味道鮮美的餃子。然而就天津的絕大部分而言，除了大規模的建築物、龐大的城市人口之外，天津似乎是一座缺失靈魂的城市。我似乎從來不曾體會到天津的獨特之處，或是中國的獨特之處。很明顯，天津只會越來越西化。

文／賴恩世（Dana Lyons）

青島：中西合璧

在天津的學習告一段落後，我們迎來了一個旅遊假期，我和五個朋友決定去青島一遊。天津與青島的鮮明對比讓人感覺既不可思議，但又如此清爽愜意。當然，青島也是一座經濟繁榮發展的城市，建築工地和西方文化的代表，如麥當勞，遍佈了城市各個角落。但我清楚地意識到，青島是一座迎合中國人而非西方人口味的城市。在俱樂部會所裡，不再只有美國音樂，我們也聽到了一些中國流行音樂。

文／賴恩世（Dana Lyons）

無錫：成長中的複雜

就像中國東部其他城市一樣，無錫也有其複雜性。對我而言，中國就像是個飽受成長煩惱折磨的少年，他想自立，不再依賴成年人，但這就好比他想要一台平板電視，卻不會自己洗衣。

文／施凱寧（Kathryn Schmidt）

第九章
探索中國的美食文化

中國的美食文化令人興奮

　　食品是一種獨特的文化。在探索食品的過程中，對於文化的理解也隨之而來。趙教授在我們到達中國的第一周以及此後的日子裡，曾試圖向學生們展示各種典型的中國美食。當我們圍坐在巨大的餐桌前，發現圓轉盤上的這些菜肴都是我們見所未見的。我們也準備好了迎接挑戰，即看中文功能表自己點菜。北京烤鴨是大家的最愛，這其中主要的原因是這個詞是我們在學校的第一堂普通話課堂上就學到的，我們一度認為沒什麼用的詞居然就出現在了日常生活之中！與此同時，我們也在此過程中獲得了練習普通話的親身體驗，理解了中國不同的地方，以及西方文明對中國的影響。最讓人激動的莫過於文化交流。對於我們中的大多數人來說，街邊美食似乎更能迎合我們的口味，也最符合我們美國學生的預算，最不衛生最便宜的食物往往最美味可口。

　　　　　　　　　　　　文／施凱寧（Kathryn Schmidt）

羊肉串兒最受歡迎

　　「串兒（Chuanr）」是根據北京口音拼成的單詞，它也是學生們的最愛。翻譯過來就是「串在棍兒上的食物」。顧客可以選擇想吃的

「串兒」和製作時撒在「串兒」上的調料，這裡有烤羊肉串、魷魚、豆芽和雞心。「串兒」多汁的風味、便宜的價格和隨意的消費模式是家裡所難以享受到的。所以儘管它們可能衛生並不達標，但還是戰勝了營養豐富的蛋白質和蔬菜，成為學生們的最愛。

文／施凱寧（Kathryn Schmidt）

怪異的火鍋

狄邁接到了我們之前遇見的一位元球友的電話，他想帶我們去感受一下傳統中國的就餐體驗——火鍋。於是凱莉安、狄邁、舒博恩和我就在網球場的停車場與楊洋見了面。凱莉安起初對於隨便和一個中國人出去吃飯有所顧忌，但是一見到他，她就意識到他可能是她所見過的最沒有威脅感的男生了。他是個朝氣蓬勃的大一新生（但是看起來還不到 14 歲），說著一口地道的英語，跟我一般高，但是卻很瘦。最重要的是，他名字的意思是「羊羊」。楊洋帶我們來到一家真正的川味餐館，餐館就位於大學外的一個小村裡。或許是我們這些外國人給了他一時興起的熱情和自由，楊陽代替我們點了菜。

火鍋該怎麼吃：有一個陰陽造型的鍋體被分為兩半，裡面盛有沸騰的油湯；我們點了份鴛鴦鍋底（一半辣，一半不辣）。接著，許多小袋的凍肉被送上了桌（我們選了羊肉和牛肉），還有一排其他的菜。你的第一個任務是將一串冷凍肉片扔進鍋內，等這些肉熟透之後，就可以就著你選的調味醬好好享用了，這樣做也避免了交叉污染。調味醬是由多種香料製成的，從楊洋喜歡的四川辣醬到舒博恩喜歡的不添加任何香料的芝麻醬，應有盡有。

接下來是更有趣的部分：品嘗並消滅食物。我們想知道當時的情

況，搞明白這些覆蓋了整個桌面的，即將被扔入鍋中的菜肴到底是何物？我們指著每盤菜問楊洋：「這是什麼？」「那是什麼？」許多都是些無害的蔬菜，如黃瓜、生菜、豆芽和白菜。而另一些食物則對我挑剔的舌頭而言有點難接受，蘑菇就是其中之一。

實際上，這裡的有些食品在美國並不被視做食品，我們將就著吃了點（但是肯定沒吃完），這些菜包括鴨腸、牛喉、羊腦。有意思的是，我們嘗試了一下這些菜，當然也就僅此一次，下不為例。我們蘸著芝麻醬吃了些，並交換了一下對這些食物的看法，還好，大家都沒怎麼樣（凱莉安和我一回家就吃了些生薑來預防任何腸道不適）。

文／施凱寧（Kathryn Schmidt）

中國美食琳琅滿目

在諸如北京和上海這樣的大都市里，你可以發現身邊滿是諸如麥當勞和肯德基這樣的西方食品以及知名品牌專賣店。中國已經面向全世界敞開了國門，中國烹飪依然保留了豐富的菜式和繁多的品種，如今所有人都可以品嘗到中國佳餚。現代中國是東西方的結合體，儘管我不是飲食領域的專家，但我常常聽到人們對於飲食可選範圍之廣的認同。

文／楊葉兒（Yer Yang）

從烹飪理解中國

每每提及一個國家，大多數人往往會自然而然地提到該國盛產的

食品。例如，有些人會將墨西哥卷與墨西哥聯繫在一起，將辛辣咖喱同泰國聯繫在一起，諸如此類。大多數人都認為這些食物不僅口感極佳，也代表了該國的特色風情。從這個角度看，中國美食該如何理解呢？怎樣用中國美食來描述中國？從一個西方人的角度來看，我很喜歡以中國烹飪的視角來理解現代中國。

文／楊葉兒（Yer Yang）

我的「中國美食」觀

美食可以改變一個人的世界觀，及其看待中國現代性的方式。關於美食，最重要的一課就是要接受新觀點，因為你永遠都不知道嘗試一種新體驗會帶來什麼。也許要瞭解像中國這樣的國家，美食並不能給你一個全面的答案，但它會使你保有生機，充滿活力。眾口難調，這完全說得過去。但是當你來到另一個國度，就像來到了羅馬，入鄉隨俗切不可忘。

文／楊葉兒（Yer Yang）

第十章
中國人如何看待自己和世界

中國人對歷史有特殊感情

　　在北京遊覽名勝古跡紫禁城時，每 10 個美國遊客所對應的是成百上千的中國遊客。但這樣的情況並不會在美國的景點發生。儘管許多美國人也會到首府所在地華盛頓哥倫比亞特區一遊，但是他們似乎沒有中國人看待自己歷史時的那種強烈的欲望和熱忱。是否因為中國有悠久的歷史，導致其人民有迫不及待想要看看本國歷史的這種深切渴望呢？或者僅僅是因為對於大多數美國人來說，去華盛頓紀念碑一遊，比大多數中國人去紫禁城更容易？即便在今天，古老的中國仍在太陽的照耀下熠熠生輝。

　　　　　　　　　　　　　　　文／韓可蕾（Clare Harris）

善於發現身邊的美

　　據我觀察，中國充滿了不同的分層：歷史、煙霧、傳統、人民、發展和審美，這些都有著多種層次。我在中國待的時間越長，就越能穿透不同的表層，看到核心的部分。我最受益匪淺的一次經歷是與中國人討論他們眼中的中國。我發現，中國人對他們國家悠久的歷史和風景如畫的自然景觀深深引以為豪，認為現在的生活條件相較以前已經好了很多，所以他們為這些進步而感到高興。美國人真該學學中國

人對於現狀的滿足感，以及他們發現身邊的美的這種能力。

文／韓可蕾（Clare Harris）

「你的皮膚真漂亮」

「你的皮膚真漂亮」，在此之前，我從未聽到如此多的人們稱讚我的皮膚。儘管很多中國人喜歡我皮膚的顏色，但這和我家鄉人的喜好完全不同。在我們國家，尤其是我們這一代人，無論夏日的驕陽有多麼灼熱，都喜歡把自己曝曬在陽光下，以獲得自然健康的膚色。可是在中國，許多人都撐起傘來遮陽，這麼做卻不是為了預防得皮膚癌，而是避免被曬黑。他們喜歡秋天，喜歡像瓷器一樣白皙的膚色。

文／施凱寧（Kathryn Schmidt）

「你來自哪裡」

在中國，我遇到很多對我「來自哪裡」有固定看法的人。我出生于泰國，在美國長大，長得很像中國人，但我是苗族人。舉個例子，當我說我是美國人（我是美國公民），就有很多人問我為什麼長得不高。更令我驚訝的是，在鄉下，如果你長得不像他們，他們更會把你團團圍住盯著你看。這裡有個例子：當我和同學們一起去鷹潭旅行時，就在我們走出火車站的瞬間，四周的人，從老人到小孩，全向我們五個人圍過來，他們只是盯著我們看，又好像要說些什麼。我認為，古老的中國要在文化上接納現代世界還有很長的路要走。

文／莫藹敏（Amend Moua）

第十一章
擁抱文化交流

我被神秘中國深深吸引

　　兩個月前，我與同學們離開了我們所熟悉的一切，告別了美國鄉村的閒適生活，去往世界另一端的神秘國度──中國，在那開始了我們的遊歷和學習之旅。西方世界的眼睛早已密切觀察到了中國近年來的崛起，並為其龐大的人口、極速的經濟發展及與典型西方政治模式形成鮮明對比的政治制度感到驚訝。中國的崛起及其日益發展成為世界大國的現實吸引了我的注意力，也激發了我學習中文和中國文化的熱情。在中國學習的這段時間讓我親眼目睹這個特殊國度的神奇，也讓我對於中國人民、經濟、政治結構及文化有了新的認識。

文／甯北農（Travis Norgaard）

對中國仍然一無所知

　　在我的成長過程中，我注意到了家人日常談話的變化趨勢。當我成長為一個少年時，飯後甜點吃什麼已不重要，關於良好學習習慣討論的比例大大增加。現在，我正處於大學中期的學習階段，我未來可能從事的職業或者可能的工作機會是我們餐桌上最重要的議題。就像在我是小孩時餅乾總被提及一樣，現在，家庭談話內容頻頻涉及中國。所以，當我登上飛往北京的航班開始我的留學旅行時，我仍感到

奇怪——作為一個中上階層家庭的孩子，即使家裡經常說起中國，但我對在中國生活的情景仍然一無所知。在飛機上我意識到，家人談話時聊起的中國僅僅局限於談論中國是個經濟工廠，以及一口流利的普通話能為一個人帶來的回報會是多少。這些資訊的重要性毋庸置疑，且大多都是真實的，然而，想著這些問題並沒有緩解長達 14 個小時飛機之旅的不舒適感。

直到我抵達北京與同學匯合時，我的心緒才平靜下來，因為我發現自己不是唯一一個對在中國的日常生活毫無頭緒的人，儘管我們自認為美國媒體對其經濟和政府的介紹已讓我們「熟讀」了中國。短短幾天的旅行使我意識到，大部分美國人除了知曉中國的經濟機遇外，對中國仍然一無所知。如果真是那樣的話，那麼這個事實所帶來的結果就是，我要學習，至少花上與此行課內學習時間相當的時間來進行課外學習。

文／賴恩世（Dana Lyons）

交流障礙無處不在

在我們到訪中國之前，我們一直認為孩子是最容易交流和溝通的。後來我們認為 10 歲左右的孩子已經有一些基本的語法和發音知識了。而當我們與 4 至 7 歲的孩子交談，問一些簡單的問題時，他們會隨意說一些答案，你可能根本聽不懂他們在說什麼，但你仍然保持微笑，時而大笑。而事實上，當我們與大部分中國人交流時，這一情況都會發生。

文／賀美勤（Emily Hartley）

一次難忘的經歷

在我們整個項目期間，最難忘的經歷發生在九月末的一個陽光燦爛的星期五。這是一次前所未有的有趣經歷，引發了我們的熱烈討論。在天津旅遊節上，有 10 個卡爾頓的男孩穿著蘇格蘭式的裙子並被（遊人）拍照，而我們中其餘人也因為是外國人而被人們不停地拍照，這一情況等我們到了江西後更是愈演愈烈。

記得遊行結束時，每一位「龍騎士」的臉上都掛滿了笑容。但是，當我們在教授家裡進行班級討論時，氣氛則變得非常沉重，與那些男孩所穿的蘇格蘭短裙帶來的歡樂形成了鮮明的對比。這個遊行到底是想展示什麼？我們十分好奇！我們的美國同學被當做蘇格蘭人介紹給大家，而大多數「巴西」舞者跳的更像是俄羅斯的舞蹈。這是一種難以言狀的感受，就好像老子說「道可道，非常道。名可名，非常名」。這次冒牌的遊行給我們提供了討論中國現狀的契機。人們會不會欣然接受腐敗，正如他們安然接受遊行上的這些錯誤，只要事情順利地進行起來？

文／賀美勤（Emily Hartley）

企盼中國民眾聽到我們的心聲

當人們開始稱讚我的皮膚「好漂亮」的時候，必然會說「好白啊」，這使我意識到普通中國民眾見到其他種族的人的機會到底有多少。坦白地說，他們日常生活中所遇到的似乎大部分都是歐洲人，而與這些白人能交流的機會也少之又少。他們所獲取的外部資訊有限，而我們這些學習中文的美國學生當然希望幫助他們，並讓他們知道有

外國人對中國的文化感興趣，希望能夠學習和理解它；知道我們和那些面生的，令人感覺遙遠的，由政治社團派遣的只來中國一次的遊客不同。

文／施凱寧（Kathryn Schmidt）

草根間的互動：渴望相互理解

（觀察）當地人和外國人之間的互動非常有趣。儘管在其他地方美國人不討人喜歡（有時這也是可以理解的），但通常，當地人會因我們的造訪而感到榮幸，並不因為我們是一群傻乎乎的美國人感到厭煩。我們想學習他們（中國）的文化，他們似乎也期望我們這麼做，或至少他們希望我們瞭解這種期望？不管怎樣，我們之間有一些東西是共通的，我們對於他們來說是外國人，他們於我們也是。我們都連在一起。

文／賀美勤（Emily Hartley）

瞭解中國：知道與理解

知道和理解是兩種不同的思維概念。知道僅僅是熟悉和辨認，而理解是加入價值後的評估和欣賞。

文／莫藹敏（Amend Moua）

文化逆差的兩個層面

消除文化交流逆差的關鍵不是減少中國對世界的瞭解，而是增加世界對中國的瞭解。這種逆差並不意味著中國已經對世界有深層次和廣泛的理解了，而是中國從其他國家輸入的文化大都停留在表層膚淺的流行文化上。

文／趙啟光

中國需要更多的文化交流

一個健康積極的文化必須尋求並允許多樣性的存在，它要有廣闊的胸襟來觀察學習其他文化的長處。在人類的歷史上，有幾個時期的確有著這樣非凡的氣度，例如中國的唐朝，古希臘和羅馬。正因為有了這種包容性，這些時期的文化更為世界所接納。現代中國需要文化的「進出口」。在與外國貿易方面，中國享有貿易順差，但是在文化交流方面，中國卻是逆差。當今的世界，在這個商品、資本和人員迅速流通的時代，讓我們張開雙臂，去擁抱這偉大的文化交流！

文／趙啟光

鼓勵文化交流促進彼此認識

在文化傳播的過程中，我們開始認識彼此，並相互交流。處於任何文化之中的人，不能因其從小學習和理解這種文化而產生出優越感。其他人則應努力學習這種文化。如果人們不知怎樣和不瞭解他們

文化的人交流，跨文化的交流就往往以失敗告終。我們應該鼓勵和幫助跨文化交流的人們。

文／趙啟光

以開放的胸襟包容多元文化

在中國期間，我們白人同學經歷最多的事情可能就是被行人關注。當我們瞭解到中國人的固有觀念認為黑色代表可怕的事物，而白色代表著神靈的時候，我對這樣的文化差異感到有些震驚。這一點還體現在中國南北特點分化鮮明之上：生活在首都周圍地區的北方人說的是標準的「普通話」，他們的膚色較白皙。南方人口音各異，習俗不同，膚色則較深。在美國，我們都接受社會是多元文化的交融，並為克服（文化差異的）問題而努力。當然，我們還需要投入更多的精力去消除種族主義，確保機會平等。在理解世界的過程中，中國人民或許有著更為開放的胸襟和好奇的態度。

文／施凱寧（Kathryn Schmidt）

一次有趣的摔跤比賽

在我們 2004 年的項目中，我親身體驗了蒙古族待客的風俗。他們會邀請賓客進行一場摔跤比賽以示歡迎。我們一行人中正好有兩個人擅長摔跤，他們欣然接受挑戰。比賽開始得不錯，但結果卻令人啼笑皆非——比賽的結果就是沒有結果。根據蒙古族的風俗，在摔跤的過程中，當你身體的任何一個部分著地時，你就輸了。然而我們學生

遵守的是國際摔跤規則，即只有雙肩著地一秒鐘，你才算輸了比賽。很快，當美國學生肘部碰到了地面時，蒙古族摔跤手走開去慶祝勝利。但我們的學生認為比賽還沒有結束，所以他又跳到蒙古族摔跤手的身上，繼續比賽。

那位蒙古族摔跤手感到非常驚訝，但是也繼續了比賽。很快，學生的膝蓋又碰到了地面，蒙古族摔跤手再一次走開。而我們的學生又一次向他撲去。蒙古族摔跤手難以置信，他的臉憤怒得漲得通紅，而我們的學生似乎也一定要讓蒙古族摔跤手的背部著地。於是，那個蒙古族摔跤手開始用蒙古語喊了起來，我們猜他可能在喊「你這個混蛋！不懂摔跤就別摔跤！」這可能只是跨文化誤解的一個例子，我們雙方都很清楚自己的規則，並且想當然地以我們的規則為規則，這就好像不同國家的政客們在文化衝突中相互指責一般。

文／趙啟光

音樂的神奇魅力

當我們到達泰山山頂之後，我們意識到還要下山。排隊坐纜車的隊伍十分長，但由於沒有其他選擇，我們還是排了兩個半小時的隊。在排隊時，我們遇到了兩個和我們一樣感到無聊的小女孩，她們靠吹泡泡打發時間。我們就嘗試用中文和她們交談，但是她們太小了，我們的中文也不熟練，只會聊一些常說的話題。後來，兩個小姑娘用吹泡泡的管子揮舞撞擊其他物品，以發出一點聲響。我突然想起，我小的時候也是這樣熱愛音樂，並最終選擇音樂為專業。我們開始一起唱歌，這兩個小女孩知道「do-re-mi」，還唱得很好。音樂是世界性的語言，這一點我不用向周圍人強調。音樂是不同文化間的人相互理解的

媒介，它無需言語就能傳遞情感。無論是氣勢磅礴的合唱還是感人至深的和聲，都能讓人潸然淚下。音樂能把不同國家的人緊密地連接在一起，即使這兩個國家的代表只是一群外國來中國交流的學生和兩個中國小女孩。

文／邵翔樂（Alek Sharma）

中國式熱情好客

在我的整個無錫之行中，最讓我後悔的就是我無法充分表達出我對中國朋友熱情接待的感激之情。由於我能說的漢語有限，我只能簡單地表達出有限的感謝，但這些語句都難以形容出我對此行的無比懷念。對於西方人來說，中國式的熱情好客完全是顛覆以往經驗的全新體驗。此次的無錫之行，僅僅是因為我在某次冬假時，邀請一個中國的室友到我家過耶誕節，但卻換來了此次我們五個人的觀光之旅！我猜想耶誕節邀請室友到我家做客增進了我和他的關係，並換來了此次無錫之行對我們五個人的招待。但在整整一周的時間裡，我的同學們都感到十分驚訝，中國式的熱情真令人驚奇感歎，外國人真應該來看看中國人是怎麼招待他們的客人的。

文／邵翔樂 （Alek Sharma）

瞭解中國：我們準備好了嗎？

這是我中國之行的經驗之談：每次我們去中國，中國都做好了準備，而我們卻沒有準備好。我們想當然地認為已做好了面對「文化休

克」的準備，但沒想到的是，我們遇到的這麼多的中國人都做好了迎接我們的準備。不論是朋友的父母的熱情接待，還是同濟留學生樓前臺平靜地告訴我們宿舍不是賓館，上網需要付費，中國在很多方面都做好了準備接待我們，（宿舍）甚至還周到地提供電源轉換器。

文／狄邁 （Max Diddams）

真正的中國「無名」

　　許多局外人都試圖為中國在當今世界所扮演的角色冠以名稱。中國的經濟發展是前所未有的，當我漫步在中國城市的街道中時，我經常發現自己忘了中國政府是如此年輕。這裡有一個與中國城市相關的事實是：當城市在飛速發展的時候，全國的其他地方以及中國人民都在試圖追趕城市發展的步伐。而面對將中國歸於一個模式之下的諸多努力，我又一次想起了老子的話語。那些被命名的事物不見得能被人理解。中國對經濟增長和西化所設定的目標和關注在很大程度上似乎受到了其他人試圖給這個國家冠名的影響。在天津時，除了我們每天都在的南開大學外的西南村超市的人們，我們在新聞中幾乎看不到也聽不到中國的聲音。但我們整個旅程中遇到的都是些普通的事物——不知道名字的人、難以形容的食物、傳統的超市——這才是我們眼中真正的中國。

文／賀美勤（Emily Hartley）

文化交流：愛與尊重

　　除了對中國語言有了更深入的瞭解以外，我本次旅行的主要收穫就是對中美文化差異的理解。我曾經去歐洲的一些國家旅遊過，對於許多美國人而言，歐洲並不是適合出國旅行的理想地區。去歐洲前，美國人總被警告要避免成為「醜陋的美國人」──歐洲人可能對美國人沒什麼好印象，而且通常都有充分的理由。從這個角度來看，儘管中美兩國政府層的關係動盪不定，但我們仍可以與我們所遇見的中國人建立友好的關係，這一點在很大程度上證明了那些政治因素與人類的理解力並無關聯。我能明顯感覺到，許多中國人在見到白人時都異常興奮，這讓我感覺怪怪的；而與此同時我又驚喜地發現，中國人得知我們的中文會話水準高出「你好」和「謝謝」的水準時，會詢問我們是來自哪個國家，而他們對美國的評價都是相當正面的。這是一種讓我始料未及的強大力量，儘管從政府層面看，要改善中美兩國雙邊關係，仍有很多工作要做。

　　只有當所有國家都意識到他們有著共同的發展目標和相互交織的命運時，世界才能實現真正的和平。如果一些國家的人僅僅關注自己的利益，當他們的利益與其他國家的利益衝突時，就會產生恐懼和失控的情況。我們永遠不能阻止誤解的產生，一些部門或者大型企業所做的決定也並不總能代表他們本應代表的人群。上至政治、經濟方面的領袖，下至普通民眾之間，文化交流都非常重要，因為文化交流可以使世界充滿愛和互相尊重，而不是盲目的恐懼。

文／施凱寧（Kathryn Schmidt）

人民間的友誼之花常青

　　地緣政治是陰鬱的，而人民間的情感卻如同鮮花般常青。儘管現如今的中美關係並不理想；但我認為今後的國家命運將日益成為教育和（應對）災難的較量。通過交流，人們可以發現彼此間無數的共同點，那些由政治家和歷史學家建造起來的壁壘就將崩塌，友誼之花就將綻放。我們此行的目的在於讓美國人與中國人相遇，並相互體驗對方的文化。這就是我們對於世界和平與繁榮所做出的貢獻。

文／趙啟光

第十二章
中國的未來與發展方向

新一代中國人的新思想

從我們到中國的第一天起，趙老師就是我們中國之行中勇敢無畏的領頭人。他帶我們遊覽美麗的景點。在中國歷史課上，他用他那充滿真知灼見的思想引導我們關注當今中國的現狀。但我選的這張照片不僅僅因為趙老師，而是因為照片裡被他遮住的部分。我從這張照片裡看到一些隱含的意義：裡面的中國人代表了新一代中國人，他們沒有像趙老師一般有深厚的歷史意識，他們將把國家帶往一條和以往不同的道路。趙老師的身後是北京古典園林——頤和園。但比起欣賞、改造過去的輝煌，這些中國人更願意帶領國家朝著新的方向發展。他們不願回頭尋覓歷史中隱藏的秘密，而是眺望未來，尋找解決問題的方法。

文／凱莉安（Kellianne Bennett）

是新興不是崛起

與其說中國是一個正在崛起的大國，還不如說他是一個新興國家。中國正處在一個現代與古老相互衝突的階段。中國人民對於他們的國家有著絕對的忠誠和強烈的自豪感，這樣的感情令人驚歎。2010年上海世博會向我們充分展示了現代化的中國所具有的能力。中國人

以這樣的方式來表達他們向現代化邁進的決心。同時，這也是一個讓中國人更好地瞭解外國文化的機會。

文／莫藹敏（Amend Moua）

上海世博會的希冀

上海世博會是中國向世界展示自己的絕好機會。透過上海世博會，我們確實看出了上海和中國其他城市不一樣的地方。世博會主題館之城市地球館向環保主義的獻禮引起了大家的熱烈討論。這一次討論的焦點是「空談還是實幹」。在這個方面，美國對於氣候變化的目標與中國所面臨的問題是一致的。通過世博會，中國政府對外展示了其對於未來的投資。而這一活動龐大的規模本身就是一個奇跡。世博會給了無數中國人一個瞭解別國的機會——正如那些國家所希望的那樣。世博會在上海這個中國的標籤式城市舉辦，也印證了中國對於未來發展的希冀。

文／賀美勤（Emily Hartley）

建築領域彰顯實力

中國城市的環境狀況正在不斷地改善。一直以來，中國在工程建設方面成績斐然，因此中國會在某一天解決這些問題一點也不奇怪。我們在同濟大學進行了為期四周的學習，這是一所擁有中國頂尖建築學科的知名學府，它正不斷刷新在建築領域的紀錄。作為 2010 年上海世博會場館主要設計方之一，我們有理由期待它能帶給我們更多有

創意的設計，也期待著同濟大學能在中國現代化進程的建設中發揮重要作用。創新就是滿足人們的需求，縮小差距，並將想像變為現實。

文／莫藹敏（Amend Moua）

中國急需解決過快發展帶來的問題

在現代的中國，一切都處於不斷運動之中。人們在移動，車輛在移動，交易在移動，一切都不再緩慢。新建築拔地而起的速度快于舊樓拆遷的速度。僅僅就我在北京度過的這一夏而言，北京語言大學附近的幾條街區在短短幾天之內，就有新的商店突然出現，而原先的那些老店，說消失就消失了。

這種速度使中國沖上了經濟支配地位，卻也引發了一系列社會問題，貧困、污染、交通及人口過剩的問題都是中國過快的發展速度所造成的直接後果。

作為一名政治學專業的學生，我發現中國的時事既讓人讚歎不已，又讓人徒生苦惱。在我看來，21 世紀將深受中國的影響。然而，無論中國在國際舞臺上變得多麼重要，他仍需解決若干國內問題。身處中國就如同身處龍捲風的風眼中一般，我們很難集中應對圍繞著我們方方面面的問題，但是每隔一段時間，人們就會清楚地看到這種高速發展所造成的後果。

文／柯瑞苷（Rob Caughey）

中國還需加快步伐

「21 世紀屬於中國。」教授們、課本及無數的美國經濟雜誌這樣告訴我。作為美國來中國交流的學生，我們剛到中國時，並不認同這一說法。然而，在這裡生活了約兩個月之後，我們不得不承認中國人追趕世界腳步之努力。儘管如此，中國為快速發展也付出了代價。如果這條巨龍想要騰雲駕霧，還需加快步伐。

文／邵翔樂（Alek Sharma）

中國正獲得新生

或許，上海世博會展示了中國重現歷史輝煌盛世的雄心壯志。過去，中國曾屹立於世界舞臺的中心，驕傲地向世界展示自己的權威。如今，中國正利用高科技手段再次上演這段歷史。

但我們要知道，我們不應唱衰中國為實現現代化而付出的努力，相反，我們應該對此大加讚揚。在全球化的今天，各種文化不斷交融，我們應張開雙臂，歡迎為全球化理念所跨出的每一步。更重要的是，我們不能簡單地將古代建築的衰敗退化視為國家歷史價值的衰敗。中國並沒有丟棄他的根基，也沒有盲目追求一個新身份，只不過是復興中華，成為合法的權力持有者。在（世博會）兩百多個場館中，中國館是中軸線上最大最高的場館，象徵著中國再次贏得尊嚴，樹立聲望的信心。將古老的文明融入現代技術社會，中國正不斷前進，不斷上升至他那昔日為世人所熟知的輝煌地位，而這只是對中國過往成功的延續。中國正獲得新生──這就是中國的文藝復興。

文／金知玄（Ji Kim）

蓮花小佛像的啟示

　　靈山大佛是無錫最宏偉壯麗的旅遊景點之一。這尊較小的，被花枝包裹的墩柱雕像就在巨型佛像旁邊。花朵的花瓣不時打開，如同蓮花綻放一般；一個小小的，年幼的佛陀就從花苞內顯露出來。然而，在我看來，這張圖所代表的不僅僅是花朵中的那尊小佛像；花朵綻放所代表的是中國在對外開放、接受其他文化影響時所能發揮的潛力。佛教從印度傳入中國之時，正是中國敞開大門擁抱亞洲其他文化之時。如今，中國再次向西方世界開放，中國人民的生活也因此變得越來越好。他們瞭解新思想、新潮流，並將這些思想和潮流越變越好。因此我認為，正因為中國在面對西方影響時的日益開放，中國的國力相比先前閉關鎖國時，變得更加強大了。

文／凱莉安（Kellianne Bennett）

中國將發生驚天巨變

　　伴隨經濟的蓬勃發展，中國消費者的購買力也日益高漲，中國生活的物質性與日俱增。而這一現象與新中國建立時的經濟類型截然不同。但沒有資本主義市場經濟，中國的經濟增長將會滯緩。而政治改革的源頭就由此而生。當人們變得更富裕，接受了更多教育之後，他們對於出版和言論自由的要求便隨之而來。我敢說，21世紀中國將發生驚天巨變。這個國家能否繼續處於經濟統治地位取決於經濟、國家和人民間的互動。

文／柯瑞苜（Rob Caughey）

我尊重中國

有時候，我的民族主義觀念會沖昏我的頭腦。以過去的幾個月為例，北京日益成長的自信讓我憂心忡忡。但有趣的是，與許多其他美國國際關係學者不同，我並不反感中國、中國模式或中國文化。我深信在中美和睦相處的世界裡，人人都會獲益。我尊重中國，尊重中國的歷史，最後我也尊重這一事實：中國在剛剛過去的 19 個世紀中的 17 個世紀裡，都是世界上最強大、最富庶的大國。

文／孫凱（Cameron Sinsheimer）

對中國經濟很樂觀

現在出現了一個新詞，即「中國世紀」，意指中國經濟或將在 21 世紀獨佔鰲頭，就如同美國支配 20 世紀，英國支配 19 世紀一樣。顯然，最近的經濟指標都證實了這一觀點。例如，在過去 30 年中，中國的國內生產總值（或經濟總產值）以每年 10% 的驚人速度在持續上漲。目前（注：2010 年），中國是世界最大的出口國，是僅次於美國的第二大經濟體。預計到 2027 年，中國將趕超美國，成為世界上最大的經濟體。

在中國，這些深遠的經濟增長的證明是高聳入雲的摩天大樓，那些由玻璃幕牆和鋼筋架構的高樓大廈已成為中國所有現代城市的景觀，它們遍佈視線所及的各個角落。就我個人而言，我在美國偏遠地區長大，這些人類大規模建設的成就從來都會令我感到驚異。從外灘隔江遠眺上海浦東金融區，那星羅密佈的摩天大樓勾勒出的天際線，讓我意識到自己正親眼見證中國的崛起。這些塔樓不僅展示了中國眾

多的人口和蓬勃的經濟，也象徵了中國對新世紀的滿滿自信和樂觀
積極。

文／甯北農（Travis Norgaard）

新舊交融勃勃生機

照片裡的橋和後面的中國古式船舶正是現代中國的寫照。新與
舊、傳統與現代交互融合在這個生機勃勃的國家。這裡的人民迫不及
待地要在新世界裡找到屬於他們的位置。

文／邵翔樂（Alek Sharma）

對中國的未來充滿信心

我認為，我們的專案圍繞三個主題展開：1.中國文化的輸出，即
中國文化對世界的影響；2.通過一些共有的基礎（如音樂），拉近中
美之間距離；3.中國的迅速發展對其民眾的影響──正如其他國家一
樣，在這些現代問題影響中國之前，中國人還能撐多久？

這些問題都難以回答，要找出答案也絕非易事。然而，我眼中的
中國人樂於奉獻，工作勤奮，忠誠祖國，待客熱情，凡事盡善盡美。
如果有哪一個國家敢於將自己的發展置身於國際背景之下，那肯定是
中國。儘管「21世紀的國家」這個稱號還沒有得到廣泛的認同，但
中國將會是一個強有力的競爭者。其他的國家與這個古老而有威嚴的
國家打交道也會互利共贏。

文／史藹龍（Alex Stevens）

第十三章
與「龍」共舞

在多元文化中求同存異

文化間的差異無法完全被消除。文化間的差異正體現了世界的多元之美。在這個文化交流日益頻繁的世界裡，求同存異是人們應該具備的基本素質。

文／趙啟光

要習慣與中國共用發展

當我們發現世界已經改變，想要生存就必須學會適應。世界要慢慢習慣于中國已經成為全球經濟大國的事實。由於認為中國人無知排外，許多美國人一想到住在中國就沒有了舒適的牛仔褲和速食，為此非常反感（中國）。這是我第四次到中國來，這次旅行不僅僅加深了我對中國文化的理解，也使我越來越為自己的家鄉感到自豪。一個人若是從沒有離開過家鄉是不可能充分體驗生活的。以我為例，我的家鄉是明尼蘇達州，到中國來不僅給了我一個學習文化的好機會，也讓我可以探索自我。暸解中國是十分必要的，並且有些事情是不可避免的，特別是當下美國已與中國利益交織，相互依存。世界要習慣於與中國共用發展之路。

文／甘安德（Andy Green）

世界應向中國學習

作為中國文化的愛好者和中國問題研究者，我知道其實無論是文化上還是政治上，中國都有許多東西可以教給世界。儒家學說和道家學說可以在更深的層面上影響民主運動，但這一切都基於一個前提：世界不反感於中國的崛起。

文／孫凱（Cameron Sinsheimer）

中美應相互學習

自古以來，中國人就很崇拜龍，中國人喜歡模仿龍。西方人則恰恰相反，他們希望將龍殺死。作為一個中國人，我建議西方人改變他們的思維方式，西方人不需要總是征服一些人或是贏得一些事。國際關係也不總是征服和被征服的關係。為什麼不能放棄屠殺龍，而改為與龍共舞呢？我們應該學習彼此的思考方式，彼此的語言和跳舞的方式。這不就是快樂麼？這樣不是很有趣麼？

文／趙啟光

「有朋自遠方來，不亦樂乎？」

現在正是中國像巨龍一樣騰飛的時刻。所有的一切都已準備就緒，這可能是中國發展的另一個黃金時期。舞臺已經搭建好，演員只需就位。事實上，近代中國的歷史坎坷崎嶇，而現代中國的發展也不是十全十美。就像羅馬城不是一天建成的那樣，中國要想從第三世界

發展到第一世界，還有很長的路要走。但中國經濟每年 10% 的年增長率已經大大推動了中國的發展。作為一個中文專業的學生，我發現我在中國期間獲得的最重要的啟示就是我們要互相學習。這聽起來可能有些陳詞濫調，或者像在說相對論一般，但是為了世界和平，避免國家之間民族主義的衝突，我們必須要和地球村裡的鄰居們做朋友。在中國期間，我們都曾遇到一些不愉快的事，但總的來說，我們受到的是人們最熱情的接待。似乎我們遇到的所有人都牢記著孔子的這句話：「有朋自遠方來，不亦樂乎？」

文／賀美勤（Emily Hartley）

資料來源

　　本書資料來源於 2004、2008 和 2010 年天津專案參與者，其中 2010 年專案參與者如下。除特別說明外，本書中的照片均由這些項目參與者拍攝。

貝可傑	James Beck
凱莉安	Kellianne Bennett
柯瑞苴	Rob Caughey
狄邁	Max Diddams
杜康文	Coleman Durkin
甘安德	Andy Green
韓可蕾	Clare Harris
賀美勤	Emily Hartley
金知玄	Ji Kim
金胥現	Hera Kim
劉佩博	Pablo Leon-Luna
林溪	Liz Lundstrom
賴恩世	Dana Lyons
馬安玲	Annie Mark
呂元傑	James Lu Morrissey
莫藹敏	Amend Moua
北農	Travis Nordgaard

李傑克	Jake Reznick
施凱寧	Kathryn Schmidt
舒博恩	Brian Schuster
孫凱	Cameron Sinsheimer
邵翱樂	Alek Sharma
史藹龍	Alex Stevens
楊葉兒	Yer Yang

譯者後記

2010 年的秋天，趙啟光教授帶領他在卡爾頓學院的美國學生，踏上了中國的國土，開始了一段美妙的學習之旅。多年來，這一專案已成為卡爾頓學院亞洲語言文學系的一個傳統——跟隨趙啟光教授來到中國，學習中國語言，體驗中國文化，在交流中增進中美兩國學生的相互理解，進而促進中美兩國人民的相互理解。有幸的是，在 2010 年的秋天，趙啟光教授和學生們從北京、天津開始，由北向南，在第一階段教學工作和一個小假期結束後，大家最終相聚於上海，來到了同濟大學，開始了第二階段的教學工作。

作為趙教授同濟大學的助手，我們榮幸地參與到這一項目中。在此期間，我們與這群可愛的朝氣蓬勃的美國學生朝夕相處，建立了深厚的感情。由於美國學生的漢語語言基礎扎實，每當他們在校園裡用流利的中文與中國學生們交流時，也總能引起旁人頻頻側目。可以說，校園內，校園外，這些可愛的學生們所到之處，都能帶來歡聲笑語。

2010 年恰逢上海世博年。我們在學習之余，曾兩次組織學生們遊覽世博會。而學生們對於世博會的熱情也遠遠超過我們的預期。不少學生利用課餘時間，第三次，甚至第四次遊覽世博會。此外，在教學活動進行期間，跟隨趙啟光教授，我們的課堂搬到了上海博物館，搬到了中共一大會址，趙教授生動地為學生們講解了一堂又一堂中國歷史和當代中國的課。令人驚歎的是，儘管趙教授此前長期在美國工作生活，但他身上仍保留著濃郁的傳統中國文人的氣息。他精通中國

歷史、文化、哲學，會寫詩賦詞，更重要的是，他善於糅合中美兩國教育教學中各自的優點，因材施教，採用啟發式的教學方法，對學生循循善誘，培養他們的獨立思考能力，這對於我們中國教育工作者也是極大的啟發。

教學工作告一段落後，我們跟隨趙教授和學生們，一起遊覽了黃山、蘇杭等地。一路上學生們欣賞美景，同時攝影、思考並記錄下所觀所想，加上此前在學習期間學生們課堂內外的各種評論，以及趙教授撰寫的極具啟發意義的一篇篇文章，便構成了本書。與趙教授編寫本書時的心情一樣，我們作為譯者，在翻譯本書的過程中，腦海中也一次又一次地浮現出許多我們項目中有趣的場景。當讀到這些看似稚氣未脫的美國學生們寫下的意義深邃的文章時，我們也不得不感歎美國學生們的「青出於藍而勝於藍」。

2010 年「卡爾頓—同濟」專案的順利舉行，離不開同濟大學從上到下對這一專案的大力支持。在此，我們向所有幫助過，或為我們專案工作過的老師們和同學們表示感謝。最後，在本書翻譯過程中，得到魏穎卓、楊陽（排名不分前後）兩位同學的協助，也在此向她們表示感謝。

俞鷹周雯婧

鳴謝

　　我要感謝許多美國和中國的朋友，正是他們的幫助，本書得以付梓。當然，我也要感謝我的美國學生，他們為本書提供了照片和想法。穿梭於東西兩側，肩負著理解偉大的龍——中國，以及龍的語言——中文的使命，我將這些學生稱為「龍騎士」。而中國就像一條古老的龍，他負載著沉重的過去，並正迎接當下的挑戰。翻看這些「龍騎士」所拍攝的生動的照片，以及他們大部分深邃但偶爾幼稚的日記，我們曾經的美好時光又歷歷在目。我要特別感謝我們項目的 10 位同學，他們來自不同的學科背景，他們隨我來到中國，但因一些技術原因（並不是落選或品質不佳），他們的文字和圖片沒有被收入本書。

　　作為一個老師，這些項目中最難忘的是當我宣佈項目結束時，學生們帶著他們的背包、書，以及所有「戰利品」登上飛機穿梭於雲端，或踏上火車駛離地平線的時刻。但這裡留給他們的是充滿回憶的土地、挑戰和有趣的故事。現在他們已散落在世界的各個角落，許多人也再次踏上了中國的土地。我可以想像，當「龍騎士」們回憶起項目中有意思的故事時，他們的臉上一定掛滿了笑容。

　　我還要感謝家人的支持。我的父母以前總是邀請學生去家裡做客，與學生們分享他們的教學經驗，並探討中美之間的文化差異。我母親于 2008 年去世，父親于 2011 年去世。但我常常想像我在中國經營事業碰到問題時向他們請教，他們總是叮囑我要好好保護學生，使他們的中國之行富有收穫並開心愉快。我也要感謝我的妻子，她在專

案組織的細節上協助我，與學生們一起參加活動，只要她在天津，她總會帶著學生們四處轉。我的兒子在他年幼時也曾多次參加我們的項目，當他在卡爾頓上學後，他更是從一個學生的角度為這一專案提出很多建議。我的兩位哥哥也對我們的項目有濃厚的興趣，他們亦給予了我許多必不可少的幫助。

我非常感激卡爾頓學院對這一項目的支持。卡爾頓是一所小而富有活力的學院，它坐落於明尼蘇達州的諾斯菲爾德鎮，周圍環繞著玉米田，兩側環流密西西比河與坎農河，一年中有好幾個月都要覆蓋厚厚的白雪。我要感謝前任校長 Stephen Lewis，他於上世紀 90 年代末訪問了我們的項目，給學生們帶來了巧克力，並帶回了學生們的信件。我還要感謝前任校長 Rob Oden，他給了我一學期的休假使我能夠完成這本書。我還需要感謝的是現任校長 Poskanzer，因為他贊同離校學習的理念，並給予了我很多建議與鼓勵。

我要感謝「離校學習辦公室」的 Naomi Ziegler、Helena Kaufman和 Leslie Vanderwood。Naomi 是我們 2010 年離校學習項目的顧問，她瞭解我們項目的每一位學生，並給予我建議，以關心、支持到我們每一位學生。「離校學習辦公室」是我們「龍騎士」們的家。當我們遇到問題時，我總是要向他們諮詢，我至今仍能感受到他們所給予的、跨越了太平洋的支持。

我要感謝我在亞洲語言部的同事們。Mark Hansell 教授、Hong Zeng 教授協助我一起招生。在我離開學校的時候，他們承擔了所有的教學工作，並為我們的專案輸送了合格的學生。

我要謝謝我在中國的同事們。特別是同濟大學和南開大學的同事們。我想特別鳴謝同濟大學的俞鷹教授，她為我們的項目牽線搭橋，她傑出的跨文化交流能力以及工作能力幫助我們的項目在中國得以順利展開。周雯婧女士協助了許多細節工作，並與我的學生們建立了友

誼。漢辦的許琳主任熱情地支援我們的項目。清華大學的李希光教授是我們項目的元老。許多機構及其工作人員也都曾參與到我們的項目中來。我在此向所有為我們的專案工作過的老師們致謝。我還要感謝海豚出版社的俞曉群先生、李忠孝先生、朱璐女士、孟科瑜女士對於出版本書的貢獻。

我要特別感謝我們項目的學生班長李傑克（Jake Reznick）和史藹龍（Alex Stevens）。他們在重要的項目活動上作出了精彩的演講，在必要時也發揮了積極作用。我要感謝三位學生助理：施凱甯（Kathryn Schmidt）、貝可傑（James Beck）、凱莉安（Kellianne Bennett）。他們協助組織學生——無論我們多早出發，多晚回宿舍，他們都要協調確保所有學生的安全。我們的項目沿途經過很多地方，他們就像保護羊群的牧羊犬一般，幫助我保護學生。在我以往的項目中，許多學生助理也作出了巨大的貢獻，儘管他們的名字在本書中未被提及，我也要向他們表示感謝。

最後，也是最重要的，我要感謝為我辛勤工作的學生助手施凱甯（Kathryn Elizabeth Mall Schmidt）。她在本書的創新想法和內容方面作出了巨大的貢獻。從跨洋通信到拍照，再到照片編輯，Kathryn 為本書提供了大量的技術支援。在 2010 年專案期間，Kathryn 還曾出色地擔任學生助理與科研助理的工作，並做過翻譯和寫作工作。

趙啟光

代名家叢書·趙啟光選集　A0501004

二十一世紀是中國世紀嗎？

　者　趙啟光

任編輯　蔡雅如

行　人　陳滿銘

經　理　梁錦興

編　輯　陳滿銘

總編輯　張晏瑞

輯　所　萬卷樓圖書股份有限公司

版　林曉敏

刷　百通科技股份有限公司

面設計　菩薩蠻數位文化有限公司

版　昌明文化有限公司

園市龜山區中原街 32 號

話　(02)23216565

行　萬卷樓圖書股份有限公司

北市羅斯福路二段 41 號 6 樓之 3

話　(02)23216565

真　(02)23218698

郵　SERVICE@WANJUAN.COM.TW

陸經銷

門外圖臺灣書店有限公司

　電郵　JKB188@188.COM

BN 978-986-496-027-9

17 年 7 月初版

價：新臺幣 200 元

如何購買本書：

1. 劃撥購書，請透過以下郵政劃撥帳號：
   帳號：15624015
   戶名：萬卷樓圖書股份有限公司

2. 轉帳購書，請透過以下帳戶
   合作金庫銀行　古亭分行
   戶名：萬卷樓圖書股份有限公司
   帳號：0877717092596

3. 網路購書，請透過萬卷樓網站
   網址　WWW.WANJUAN.COM.TW

大量購書，請直接聯繫我們，將有專人為您
服務。客服：(02)23216565　分機 10

如有缺頁、破損或裝訂錯誤，請寄回更換

版權所有·翻印必究

Copyright©2016 by WanJuanLou Books CO., Ltd.

All Right Reserved　　　**Printed in Taiwan**

國家圖書館出版品預行編目資料

二十一世紀是中國世紀嗎？ / 趙啟光著. -- 初
版. -- 桃園市：昌明文化出版；臺北市：萬
卷樓發行, 2017.07　面；　公分. -- (當代名家
叢書. 趙啟光選集；A0501004)

ISBN 978-986-496-027-9(平裝)

1.中國文化　2.文集

541.26207　　　　　　　　106011511

著作物經廈門墨客知識產權代理有限公司代理，由海豚出版社授權萬卷樓圖書股份
限公司出版、發行中文繁體字版版權。